技工院校公共基础课程劳动教育教材配套用书

劳动故事

主　　编　杨　琼
副 主 编　周晓峰　赵海霞
编写人员　李　萍　郁山英

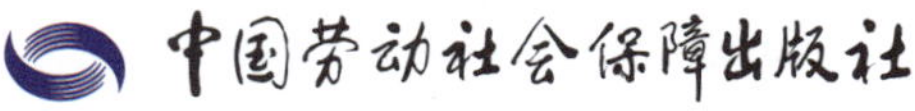

中国劳动社会保障出版社

图书在版编目（CIP）数据

劳动故事 / 杨琼主编 . -- 北京 : 中国劳动社会保障出版社，2024. --（技工院校公共基础课程劳动教育教材配套用书）. -- ISBN 978-7-5167-6727-6

Ⅰ. G40-015

中国国家版本馆 CIP 数据核字第 2024RN1741 号

中国劳动社会保障出版社出版发行

（北京市惠新东街 1 号　邮政编码：100029）

*

北京市白帆印务有限公司印刷装订　新华书店经销

787 毫米 ×1092 毫米　16 开本　10 印张　148 千字

2024 年 11 月第 1 版　2024 年 11 月第 1 次印刷

定价：22.00 元

营销中心电话：400-606-6496

出版社网址：https://www.class.com.cn

https://jg.class.com.cn

前言

本书汇集了多个展现劳动创造美好生活的动人故事，融入了中华民族勤劳智慧和劳动创造的辉煌成就。

本书由“劳动揭开历史的真相”“劳动浇灌文明的花朵”“千姿百态的劳动世界”和“用宝贵的劳动品质赢得美丽梦想”四个单元组成。它犹如一条穿越时空的隧道，引领读者感受中华上下五千年的文化积淀和历史脉络，深刻领悟民族传统所展现的无穷魅力；它犹如一串凝结劳动成果的珍珠，引导读者领略各行各业劳动者的劳动精神和劳动成果，丰富知识、增长见识，自觉培育起对祖国的深厚感情和对劳动的热爱。

本书每单元设置单元提示，每个故事都包含探究与思考的问题和深入人心的故事点评。这些栏目旨在帮助读者在阅读过程中提升思维能力和认知水平。在阅读的旅程中，读者将不断探寻和思考劳动背后的深层意义，感受劳动的魅力和价值，不仅获得知识的滋养，更在心灵深处播下勤劳和智慧的种子，自觉内化正确的劳动价值观，为成长奠定坚实的基础。

本书可用于劳动教育课程补充阅读，也可用于学生自学。欢迎读者对完善本书提出宝贵意见。由于水平有限，书中难免有疏漏和不妥之处，敬请广大师生在使用过程中提出宝贵意见，以便我们今后加以改进。请将相关意见和建议反馈至邮箱：ggk@class.com.cn。

编者

目 录

劳动揭开历史的真相

第二单元

劳动浇灌文明的花朵

第三单元

千姿百态的劳动世界

第四单元

用宝贵的劳动品质赢得美丽梦想

第一单元

劳动揭开历史的真相

本单元的故事依时间的脉络展开，展现了“劳动”如何推动历史的车轮滚滚向前。这一历程从最初工具的使用、火的使用，到农业、畜牧业的兴起，再到手工业和近代工业的蓬勃发展，直至引领我们进入科技时代。

“钻木取火”的古老传说使我们深思劳动如何开启人类对火的使用，进而推动文明的进化；水利工程都江堰，是人们在农业生产过程中智慧的结晶；“人间织女黄道婆”的故事，生动地描绘了劳动如何促进手工业的蓬勃发展。随着历史的演进，“中国铁路之父”詹天佑，创造了京张铁路的杰出成就，展现劳动的智慧与力量；劳动人物“中国化工之父”范旭东为我国化学工业的发展提供了强有力的科技支撑。他们凭借优秀的劳动品质和深厚的爱国情怀，不仅改变了中国的历史进程，更坚定了中华民族自强的信念。“银河－Ⅰ”的诞生，犹如一位科技巨匠的崛起，让中国在世界科技舞台上熠熠生辉；而超燃冲压发动机的问世，更是象征着中国工业实力的飞跃。这些科技成就的背后，无不凝聚着无数劳动者的智慧与汗水。

通过深入阅读和探究本单元的故事，我们不仅能深刻领悟到“劳动创造历史”的真理，还能体会到在历史进程中，劳动者所展现出的坚韧不拔、勇往直前的人性光辉。同时，这些故事也启示我们，面对困难和挑战，我们应该如何以积极的态度去面对，以及如何在劳动中塑造自己的意志和品格。

一个关于火种的传说

火的使用，在劳动创造历史的进程中起到了关键作用。钻木取火，指用硬木棒对着木头摩擦或钻进去，靠摩擦取火。由于木原料本身较为粗糙，在摩擦时容易产生热量，加之木材本身就是易燃物，所以会生出火来。在中国古代的传说中就有钻木取火的故事。相传，人类从此学会了人工取火，用火烤制食物、照明、取暖、冶炼等，使生活进入了一个新的阶段。

祈火

火，自古以来就是光明与温暖的化身，它为人类驱散黑暗，带来幸福与希望。想象一下，在厨房里，火焰舔着锅底，释放出无尽的热量，将食材烹饪成一道道令人垂涎的佳肴。但是，在远古的岁月里，夜晚对于人类来说充满未知的恐怖。他们生活在黑暗中，对火的存在一无所知，更别提掌握使用它的技艺。他们的饮食简单而原始，主要以生肉和未经烹饪的植物根茎、叶片为食。在那个时代，捕获的猎物几乎全是血淋淋地生吃，这对现代人来说是多么令人毛骨悚然的场景。

由于食物未经加工煮熟，其中潜藏的细菌对人类健康构成了严重威胁，导致人们容易患病，平均寿命也因此缩短。在无边的黑夜中，由于缺乏火光照明，人类聚居地四周陷入一片死寂的黑暗，而夜视力敏锐的野兽则在周围嚎叫，时刻准备发动攻击。人们在寒冷与恐惧中颤抖，只能紧紧挤在一起，寻求那微弱的安全感，仿佛这样就能抵御无边的黑暗和潜伏的危险。

探究与思考

原始人的一天是怎么度过的？他们会在一天中从事哪些劳动？他们劳动的目的是什么？

一天，天空下起雷雨，随着“啪啪”的声音，雷电劈在树木上，树木随即燃烧起来，很快就烧成了大火。人们被雷电和大火吓坏了，四处奔逃。到了晚上，雷雨停了，雨后的大地潮湿、阴冷，逃散的人们又重新汇聚到了一起。他们惊恐地看着燃烧的树木，这时候有人闻到，那些被烧死烤焦的野兽发出了阵阵香味。人们高兴地聚到火堆边，分吃被烧过的野兽肉，觉得好吃极了。而且，大家感觉在火边非常暖和。

终于，人们发现，只要有火就不会寒冷，烤熟的肉比生肉更加美味。火，是如此的珍贵。于是，他们捡来树枝，不停地添加到火堆上面，不让火熄灭，并且每天都分派人来守护火种。

可是有一天，值守的人睡着了，火熄灭了，大家重新陷入了黑暗和寒冷之中。

人们对火的向往说明了什么问题？结合你自己的生活实际，说一说火对于人类的作用。

取火

要是火能永远留在人间该多好啊！带着梦想，一位年轻人开始漫游天下，去寻找火种。有一天，他走到了一棵树下，连续的奔波让他觉得有点累，于是他背靠着大树闭目养神。等他再睁开眼时忽然发现，树的周围出现了一闪一闪的火星，他兴奋极了，急忙寻找着火星的来源。当他抬头往上看时，发现有只鸟正在用它又尖又硬的喙啄着树干，每啄一下，喙与树干之间就迸发出一点火星。年轻人被这景象惊呆了，一边看，一边想，要是能把这火星留下来该多好啊。

突然，年轻人一拍脑袋：我能不能像鸟儿啄木一样，生出火星来呢？于是，他找来大小不一的干枝条，然后用小枝去钻大枝，耐心地不断尝试，终于真的迸发出了火星，但是火星非常微弱。他又想到鸟喙是尖的，于是他又改用尖的树枝去钻大枝，钻了一会儿，树枝居然冒出了青烟。他加快了钻的速度，青烟越来越浓，最后，火焰腾地一下生起，把树枝点燃了。年轻人异常兴奋，高兴得流下了眼泪。

年轻人回到家乡，把取火的方法教给其他人，这种“钻木取火”的方法很快传遍了各个部落。从那以后，人们要火有火，再也不用等天然的雷火，也不必派人守护火种；不怕黑夜里出没的野兽，更不用再生活在寒冷和恐惧中了。聪明的年轻人，用他的智慧为人们带来了永远不会熄灭的火种。人们非常感激这位“钻木取火”的发明者，就称他为“燧人氏”，奉为“火祖”。后来，无数勤劳的劳动者和燧人氏一起用自己的智慧和力量，结束了人类茹毛饮血的历史，开创了华夏文明。

现今，在河南商丘建有一座燧皇陵，以纪念这位人工取火的发明者。

探究与思考

年轻人是如何获得取火方法的？这其中凝聚了他哪些劳动和智慧？劳动在人类发展的历史进程中起到了怎样的作用？想一想人类的劳动还创造了哪些文明成果？

故事点评

燧人氏钻木取火的故事，不仅仅是一个关于火的传说，更是一个关于人类智慧和劳动的故事。它告诉我们，人类的进步和发展，离不开对自然的敬畏和探索，更离不开在劳动中的思考和实践。正是这种对知识的渴望和对劳动的尊重，使得我们的祖先在史前文明阶段，成功掌握了生火的技术，开启了文明的大门。

震撼世界的水利工程

劳动在人类学会使用工具、学会使用火的过程中起到了关键作用。人的大脑逐渐发达，探究的思想也逐渐形成，劳动也就促进了

农业、畜牧业的出现。都江堰就是人们在农业生产过程中智慧的结晶。都江堰位于四川省都江堰市境内，坐落在成都平原西部的岷江上，2 000 多年来一直发挥着防洪灌溉的作用，是全世界迄今为止，唯一留存、仍在一直使用、以无坝引水为特征的宏大水利工程，是中国古代劳动人民勤劳、勇敢、智慧的结晶。

妙计凿山

战国时期，岷江流域的成都平原，特别是灌口（古称都安）地区，因地势较低，河床逐渐被山上冲下的泥沙石块淤积，每逢雨季，江水便会溢出河岸，造成泛滥。洪水灾害频发，严重威胁着岷江两岸居民的生活和农业生产，导致无数房屋和田地被毁。

李冰被任命为秦国蜀郡的太守后，携其次子二郎及其他卫士来到成都附近的灌口，对水患进行了深入调查。经过实地勘察，李冰决心凿穿玉垒山引水。

在李冰的号召下，当地农民纷纷准备凿子、锤子和铁锹，每户出两个强壮男女，聚集了两三千人。李冰将众人分成许多组，每组推举一位有凿山经验的首领。大伙儿从山北到山南先划条线，沿着线开始凿山。在凿山的过程中，遇到一些大石头很不容易凿开，李冰鼓励大家不要只靠体力，还必须运用智慧，多想办法。大家七嘴八舌，果然想出一条妙计。

探究与思考

李冰是如何带领人们凿山的？劳动在人们改变现状的历程中起到了什么样的作用？

李冰父子就和大家来试验这条妙计，先在大石头上凿出一道沟，在沟上架起木柴树枝，然后点起火来燃烧，木柴树枝烧完了随时增加。妙计起了实效，山石经火力烧久了，自然爆炸裂开。石头裂开就接着往下凿。经过一年多的辛勤劳动，当人们搬掉最后一块石头后，玉垒山终于被凿开了一个二十多米宽的口子。李冰聚集众人，举行放水典礼，把凿开的山叫作“离堆”，两山之间的江道叫作“宝瓶口”。岷江水通过宝瓶口分股东流，波涛就平静得多了。通过此事人们更加信任李冰了。

笼石分水

在成功通过分流减轻岷江水患后，李冰紧接着考虑如何利用河水灌溉农田。经过细致的勘察，他绘制了详细的施工图，组织大家按图施工，修建堰坝和渠道。李冰父子与经验丰富的劳动人民共同指导工程，大家保持着高涨的劳动热情。虽然挖渠相对顺利，但修筑堤堰却遇到了难题。简单堆砌的堤堰总是被洪水冲毁，特别是秋季的暴雨，往往让数月的努力付诸东流。面对困境，李冰提出了两项创新方案：一是在江心另建一个分水堰，二是改良堤堰的结构以提高其抗冲刷能力。为了解决材料问题，李冰从当地丰富的竹林中获得灵感，提议用竹子制成笼状结构，内填鹅卵石，以抵御急流。经过试验，这种竹笼石结构被证明有效，成功抵御了水流的冲击。这一创新方法得到了大家的认可和支持。于是，李冰组织大量人力，在上游砍竹、扎笼、装石，然后将这些巨大的竹笼堆放在指定位置。在李冰的指挥下，一群擅长水性并体格强健的青年担任先锋，将竹笼石推入水中，经过几天的艰苦努力，最终在急流中堆砌起一道坚固的堰坝。从此，江水被成功分流，水患得以根治。

李冰将这项工程命名为“都安堰”，后改称为“都江堰”，意指控制江水的工程。由于其前端尖细、后端宽厚，形似鱼嘴，因此也被人们称为“都江鱼嘴”。都江堰的建成不仅解决了水患，还提供了灌溉水源，极大地提高了当地的农业生产力。李冰因此赢得了人民深厚的信任和尊敬。

探究与思考

李冰是如何带领人们引水灌田的？说一说其间凝聚了劳动者的哪些智慧和汗水？体现了劳动者的哪些品质？

故事点评

都江堰水利工程，这座屹立了2 000多年的古老水利杰作，不仅为我国的农业发展注入了源源不断的动力，更在历史的长河中留下了深远的影响。它不仅代表了水利工程的卓越成就，更是古代中国人民勤劳与智慧的象征。两个引人入胜的小故事，仿佛打开了历史的画卷，让我们窥见古代人民对自然规律尚未完全理解的局限，以及李冰父子在修建都江堰过程中所面临的种种艰辛与挑战。这些故事不仅让我们对古代人民的智慧有了更深的敬佩，更让我们感受到他们面对困难时那份坚韧不拔、勇往直前、敢于创新的精神力量。

人间织女黄道婆

劳动在促进农业、畜牧业的出现后，人们仍然在生产过程中不断创新，手工业也逐渐发展起来。在上海一带曾经流传着一首民谣："黄婆婆，黄婆婆，教我纱，教我布，两只筒子两匹布。"这首歌所唱的"黄婆婆"便是中国历史上著名的"棉神"黄道婆。黄道婆（约 1245—1330），又名黄婆、黄母，松江府乌泥泾镇（今上海市徐汇区华泾镇）人，宋末元初著名的棉纺织家、技术改革家。她深受广大民众的尊崇，被称为“人间织女”。

在劳动中成长

大约在南宋理宗淳祐五年（1245 年），松江府乌泥泾镇（今上海市徐汇区华泾镇）的一个贫苦家庭迎来了一名女婴的诞生，她就是后来的黄道婆。当时，她的家乡开始引进并种植棉花，特别是在乌泥泾地区。黄道婆从小便目睹了当地棉花种植和妇女们学习棉纺织技术的情景。

黄道婆家境贫寒，很小的时候就失去了亲人，被卖掉当童养媳。在做童养媳的日子里，黄道婆成年累月五更起、半夜睡，侍候全家人的吃喝穿戴。她自幼就懂得劳动才是生存之本。她很聪明，善于学习，肯动脑筋，喜欢琢

磨，看大人们干活，便能举一反三，迅速入门。

探究与思考

面对生活的挫折，我们应该如何应对？你从黄道婆身上学到了什么？

当时，当地人经常穿着棉布衣服和裤子锄草犁田，邻居告诉黄道婆，那种棉布厚实、柔软且耐用，非常适合劳动时穿着。黄道婆聚精会神地听着，沉思不语，随后便积极向纺棉的成年人学习。

虽然每天被家里的活累得筋疲力尽，但她还是挤出时间继续练习纺织技术。起初，她弹棉絮弹得不透不净，卷棉条卷得松紧不匀，纺棉纱纺得粗细不一。但是，她毫不气馁，争取一切机会练习操作。在这种棉纺劳动中，她忘却了艰辛，点亮了人生的希望。

探究与思考

黄道婆从事的劳动有哪些？你如何理解“劳动点亮人生的希望”这句话？结合生活实际谈一谈自己的看法。

功夫不负有心人，她终于熟练掌握了全部操作工序：剥棉籽，敏捷利索；弹棉絮，蓬松干净；卷棉条，松紧适中；纺棉纱，又细又匀；织棉布，纹匀边直。棉花会纺了，布会织了，聪明的黄道婆又发现了新问题：棉花去籽时用手指一个一个地剥，实在太慢；弹棉絮的小弓才一尺来长，而且还是线弦，需要用手指来拨动，线弦容易断，手指拨弦费力气，以这样落后的技术纺纱织布，怎么能供上那些干活人穿衣服的需要呢？她心里经常想：能不能有什么新办法提高纺纱织布的效率呢？

黄道婆发现的新问题有哪些？可以看出黄道婆身上有一种什么样的劳动品质？

崖州学艺

作为童养媳的苦难生活并没有打倒坚强的黄道婆，终于有一天，她打破了童养媳的囹圄，逃出家门，躲到一条海船上，随船漂泊，到了海南岛南端的崖州。

崖州盛产棉花，黄道婆注意到黎族妇女纺纱织布用的纺织工具很精巧，纺织技术也很高，不但织的布质量很好，还会织带有各种花纹的被面。黄道婆和黎族织女们共同生活、共同劳动，虚心向她们学习纺织工具的使用方法和纺织技术。黎族织女们把自己的技术毫无保留地传授给她，这让黄道婆非常感动，她也把在家乡学到的全部织锦技术无私地传授给了黎族人民。通过自己辛勤的劳动，黄道婆受到了当地人的尊重，她在崖州的生活也变得越来越好。

你认为黄道婆来到崖州后的收获有哪些？她是凭借什么获得当地人的尊重的？

传艺乡亲

相传，黄道婆在海南岛一住就是 30 年，步入中年的黄道婆尽管生活无忧，但心中对故乡的思念却如潮水般汹涌。每当夜深人静，她便会想起家乡贫瘠的土地和乡亲们辛勤劳作的身影。终于，她踏上归途，回到了令她魂牵梦萦的乌泥泾。

归乡后，黄道婆没有忘记自己在外所学。她先将崖州的植棉技术传授给乡亲，随后凭借丰富的经验，亲手绘制出新的纺织工具图样。她的大胆革新吸引了众多能工巧匠，他们共同打造出了一批创新的纺织工具。

黄道婆无私地向大家教授植棉技术，耐心指导人们使用新工具纺纱织布，使得当地的棉花产量和纺织品质量得到了显著提升。

她的创新从未止步，为了进一步提高效率，她深入研究并创造出更为先进的纺织工具，设计出一套完整的轧籽、弹花、纺纱、织布的操作流程。她教会人们制作轧车，免去了手工剥棉籽的辛苦；她改进了弹棉工具，将手工小竹弓变为效率更高的大弓；她创新了纺纱车，从手摇单纱纺车升级为脚踏三纱纺车，这一技术在当时堪称革命性的进步。

探究与思考

黄道婆在自己的家乡做了哪些事情？她的创造性劳动给家乡和整个社会带来了怎样的变化？

黄道婆不仅追求效率，更注重美感。她引导人们将花卉、鸟兽等各种图案融入织物，使之成为艺术品。她还将从黎族人民那里学到的织造技术与自己的实践经验相结合，总结出了一套先进的“错纱配色，综线挈花”织造技术，并热心传授给乡亲们。黄道婆的大胆创新和无私奉献，不仅提高了家乡人民的生活水平，而且激励和启发了一代又一代人。

在黄道婆和家乡人民的共同努力下，图案生动、色彩艳丽的“乌泥泾被”应运而生，不久便闻名天下。乌泥泾从事纺织业的人日益增多，黄道婆的棉纺织技术和她改进的设备传遍了江浙一带，松江地区的棉纺织业逐渐发展成熟。到了明代，乌泥泾所在的松江地区成为全国棉织业中心，松江棉布远销全国各地，赢得了“衣被天下”的盛誉。

故事点评

黄道婆出身贫寒，却从未怨天尤人；她自力更生，专注于纺织，更勤于革新。她的故事不仅是个人奋斗与技艺革新的传奇，更深刻地揭示了传统手工业在中国古代社会中的重要地位与独特价值。她的行为彰显了中国古代女性勤劳智慧、顽强奋斗的精神风貌，成为我国古代女性的杰出代表。

建中国人自己的铁路

劳动促进近代工业的发展，詹天佑就是中国近代工业发展历程中的功臣。詹天佑（1861—1919），汉族，祖籍徽州婺源，生于广东南海（今广州市），他是中国近代铁路工程专家，被誉为中国首位铁路总工程师，有“中国铁路之父”“中国近代工程之父”之称。他主持修建了我国自主设计并建造的第一条铁路——京张铁路，创造性地应用了“竖井开凿法”和“之”字形线路，震惊了中外。

幼童留学生

1861 年，在广东南海一处古朴的茶叶商人宅院里，随着一声响亮的啼哭，一个新生命降临到了这个世界——他就是詹天佑。詹天佑的父亲詹兴洪，曾是广州繁华的“十三行”中一位声名显赫的茶叶商人。然而，随着帝国主义的铁蹄无情地践踏这片古老的土地，那些曾经熙熙攘攘的商行一家接一家地熄灭了灯火，詹兴洪的商行也未能幸免。无奈之下，他只能带着家人来到农村，依靠种田维持生计。

詹天佑从小就对这个世界充满了好奇。他的童年，不是在田野间追逐蝴蝶，而是在家中探索机械的奥秘。那个小小的身影，总是蹲在某个角落，手里拿着工具，专注地拆解着家里的各种物件。他一边拆，一边思索：那些复杂的零件是如何协同工作，发挥各自功能的？他的眼睛里闪烁着好奇和求知的光芒，仿佛在那些冰冷的金属和木材中，找到了一个充满无限可能的宇宙。

探究与思考

小詹天佑身上有一种什么样的精神？结合詹天佑的例子，思考一下探索和成才的关系。

1872 年，詹天佑经过努力，以优异的成绩考取了留美幼童班，到美国求学。留学期间，詹天佑学习十分刻苦，也很注意锻炼身体，立志为建设祖国而学习科学。在国外，他亲眼看到一日千里的火车和铁路，心中暗暗发誓：“今后中国也要有自己的铁路和火车！”1881 年，詹天佑从土木工程系毕业，他的毕业论文《码头起重机的研究》获得很高的评价。他胸怀发展祖国铁路事业的热忱，回到了久别的祖国。

探究与思考

詹天佑通过怎样的努力从土木工程系毕业？如果是你在那种环境下，你会怎样做？

建中国人自己的铁路

1905 年，詹天佑被聘为修建京张铁路的总工程师。那时候，外国的工程技术人员根本不相信中国能修成这条铁路，并扬言，建筑这条铁路的中国工程师恐怕还在娘胎里没有出世呢！听到这些话，詹天佑暗暗下定决心，要为中国人争一口气。

詹天佑率领着他的测量队，肩背沉甸甸的标杆和测量仪器，踏上了京张铁路的勘测之路。他们在荒山野地里奔波，白天顶着烈日，测量、赶路，夜晚则在昏黄的油灯下，细心地绘图和计算，不断地勘察和修正着线路。他们的每一次努力，都是为了确保铁路勘测的精确无误。

在一次测量中，天空突然变得阴沉，狂风呼啸，测量队急于结束工作，匆匆测量了几个数字，就从险峻的岩壁上爬了下来。詹天佑看着手中的数据，严肃地问，这些数据准确吗？队员回答，差不多吧。詹天佑立刻严肃起来，他强调，在技术领域，精确是首要的要求。我们绝不能容忍模糊和轻率，“差不多”“大概”“好像”这样的词汇，绝不应该出自工程技术人员之口。说完，他毅然背起仪器，不顾恶劣的天气，再次攀上岩壁，仔细复勘每一处，直到确认数据的准确性。当他下来时，嘴唇已经冻得发紫，但他的眼中却闪烁着坚定的光芒。

同年 9 月，京张铁路正式开工。这条铁路计划从北京至张家口，全长超过 200 千米，沿途穿越险峻的燕山山脉，特别是居庸关、青龙桥、八达岭等地，地形险恶，施工难度极大。铁路过了南口后，将面临居庸关、五桂头、石佛寺和八达岭 4 座隧道，总长度达到 1 644 米，这些隧道是铁路工程成功与否的关键。

居庸关的岩层坚硬，山势险峻，施工难度极大。为了加快进度，詹天佑提出了一个大胆的计划：从隧道的南北两端同时向中心对凿。然而，人力凿山进度缓慢，詹天佑再次提出创新方案——炸开岩石。这一举措极大地加快了施工进度。

居庸关隧道终于打通，接下来是更为艰巨的八达岭隧道。詹天佑再次展现了他的智慧和勇气，提出了凿竖井的开凿方法。他指导工人们在隧道中心点的山顶凿开一个洞，然后笔直向下挖掘，直到一定深度后，再向南北两边扩展。这样，4 个工作面可以同时作业，不仅提高了效率，还确保了隧道的准确对接。最终，这两大艰险工程相继完工，其他两座隧道也随之顺利完成。詹天佑的智慧和毅力，为京张铁路的顺利开通奠定了坚实的基础。

然而，还剩最后一道难题摆在面前，就是从南口到八达岭地势太陡，如果采用常规的螺旋式线路，火车很难爬上去。詹天佑请教了当地老乡，不断探索，创造性地设计出一种折返线路，就是在山高坡陡的青龙桥地段，顺着山腰，铺设“之”字形路轨，既降低了坡度，也缩短了隧道，火车到这里，以两部大马力机车前后一拉一推，就可以安全地爬过陡坡。

铁路建设过程中遇到的最后一个难题是什么？詹天佑是如何解决这个难题的？

詹天佑带领着建造工人们，凭借着他们的辛勤汗水和高超技艺，一一攻克了这些看似不可能解决的难题。1909 年 8 月，京张铁路全线建成，这项原本计划 6 年完成的工程，仅用了 4 年时间，并且仅花费 693 万两白银。中国人自行设计和修筑的京张铁路，就像一条腾空而起的巨龙，蜿蜒于山川之间，展示着中华民族自强不息的坚定信念，向世界宣告了中国的力量和智慧。

探究与思考

京张铁路的建成，展现了中国劳动人民怎样的劳动品质？

故事点评

京张铁路不仅是一项工程壮举，更是在国家多难之秋，中国人民智慧和坚韧不拔精神的象征。詹天佑，这位杰出的工程师，以其卓越的技术创新和领导能力，在这项工程中解决了诸多技术难题，为中国的铁路运输事业展开了新的篇章。詹天佑和无数建设者的辛勤努力，铸就了这一工程传奇，也为我们留下了宝贵的精神财富。

功在中华的“中国化工之父”

范旭东（1883—1945），祖籍湖南湘阴，生于长沙，中国化工实业家，中国重化学工业的奠基人，先后创办和筹建了久大精盐公司、永利制碱公司、永利铔厂、黄海化学工业研究社等，生产出中国第一批硫酸铵产品。范旭东也被称为“中国化工之父”。

造中国人自己的精盐

1883 年 10 月，范旭东出生于湖南湘阴县。他幼年丧父，随着母亲和兄长逃难到了长沙，他们靠着接济勉强度日。在范旭东 17 岁那年，他的兄长因参与戊戌变法，被迫流亡至日本。

后来，范旭东考入了日本的一所大学学化学。在日本期间，他目睹了明治维新后日本的快速发展，这让他既痛恨清政府的腐朽，又渴望祖国能够富强起来。他发现，日本的发展与其大力发展工业有着密切的关系，“实业救国”的想法在他的心中扎下了根。

范旭东完成学业后回到祖国，在北洋政府北京铸币厂担任化验员，每月工资有 300 银圆，在当时可以买 300 斤（1 斤等于 0.5 千克）大米，可以说是一份高薪。当范旭东负责检测各个铸币厂的银圆质量时，他发现银圆的含银量根本达不到标准。但当时的官场上，营私舞弊现象泛滥，他的检测报告递交上去后，根本没人理睬，范旭东愤然辞职。

食盐，如今是家家户户厨房中不可或缺的调味品，其普遍性几乎让人忽略了它的珍贵。然而在当时，尽管中国拥有辽阔的海洋，但食盐的生产却依然依赖于传统的土法制盐，导致普通百姓食用的盐中氯化钠含量低，这种状况让西方人戏称中国人为“食土民族”。

1914 年，范旭东在天津塘沽海边，凭借当地丰富的盐资源，创立了久大精盐公司。久大精盐公司采用海滩晒盐和卤水加工的方法，结合现代技术，使用钢板制的平底锅升温蒸发结晶，成功生产出中国第一批纯净的精盐。范旭东亲自设计了一个五角星形状的商标，命名为“海王星”。“海王星”牌精盐正式上市，以其洁白的色泽、细腻的粒度、高纯度和多样的品种，迅速赢得了市场的青睐。久大精盐的上市，对于那些以售卖掺假粗盐为生的旧盐商来说，无疑是一记重击。他们联合起来，散布各种恶意谣言，如“久大久大难久难大，子时建厂丑时就垮”“海王海王不吉不祥，海王海王迟早要亡”，甚至无中生有地宣称“久大精盐会毒死人”，企图破坏久大精盐的声誉。然而，这些谣言最终未能阻挡久大精盐走向辉煌的脚步。

探究与思考

“海王星”精盐的生产凝聚了哪些劳动？这些劳动所创造出来的价值得到社会的认可了吗？

工业先导，功在中华

按通常的做法，既然“海王星”牌精盐的销售那么好，范旭东应该乘胜追击，将全部精力放在精盐的生产上。但是范旭东却选择了一条更为艰辛的道路。

随着久大精盐公司开始盈利，范旭东迅速把握商机，调动资金创建永利制碱公司。但是，他的计划遭到了英国卜内门公司的阻挠，这家专门销售洋碱的公司利用其对英国政府的影响力，向中国政府施压，要求增加原料税收，并对工业用盐征收每担 2 角钱的税费。这一策略使得永利制碱公司的生产成本远高于卜内门，导致永利制碱公司在价格竞争中处于劣势。尽管西方国家实行工业用盐免税政策，但当时的北洋政府软弱无力，无人敢于维护正义。面对重重障碍，范旭东并未退缩，他坚定地追求着自己的碱厂梦想。他不畏强权，据理力争，在报界发表文章揭露和谴责英国人的险恶用心，使其阴谋破产。

探究与思考

范旭东为什么选择了一条更为艰辛的道路？你从范旭东身上看到一种什么精神？

为了加速技术研发，范旭东还成立了黄海化学工业研究社，并资助年轻工程师出国深造。正是这种自力更生、坚持自主研发的精神，让范旭东成功生产出纯度超过英国卜内门公司的纯碱。

1926 年，当纯碱量产成功时，范旭东感慨万分。他写道：“这么多年来的辛苦、艰辛，换来了中国人自己制造的纯碱，也换来了大家头上的白发。诸君内心是得到安慰的。我为诸君祝福。为自己进步的人群，应当是永生的。”范旭东的话语中充满了对国家和人民的深厚感情，也展现了他坚韧不拔的意志和不懈努力的精神。

探究与思考

“为自己进步的人群，应当是永生的。”你如何理解这句话？说一说自己的看法。

范旭东，这位实业救国的坚定践行者，怀揣着对国家富强的执着信念，在南京这片热土上，又建立了永利铔厂，生产合成氨、硫酸、硫酸铵及硝酸。永利铔厂的产品质量之高，不仅在国内备受赞誉，连远在欧洲和美国的同行也对其心生敬意，将其誉为“远东第一大厂”。永利两厂的建成为中国化工原料工业的发展奠定了基础。

范旭东逝世之际，毛泽东为他题写了“工业先导，功在中华”的挽幛，这不仅是对他一生的高度概括，更是对他实业报国精神的由衷赞扬。这位实业家的一生，犹如一座永不熄灭的灯塔，照亮了中华民族工业的辉煌未来，他的名字和事迹，将永远镌刻在中华民族的历史篇章中。

故事点评

范旭东毕生致力于我国化学工业的发展，并取得了举世瞩目的卓越成就。他完成了3项具有划时代意义的壮举：首先，他创办了久大精盐公司，这是我国首家精盐制造企业，成功打破了外国盐业在我国的垄断；其次，他建立了永利制碱公司，极大地推动了我国纯碱工业的发展；最后，他成立了黄海化学工业研究社，这是我国首家专门的化工科研机构，为我国化学工业的发展提供了强有力的科技支撑。这些伟大事迹不仅使我国化学工业在国际舞台上崭露头角，更为我国化工产业走向世界奠定了坚实的基础。

银河疑是九天来

劳动不仅促进了近代工业的发展，也不断推动着历史前行的车轮，迎来了科技时代的到来。1983年，我国第一台亿次巨型

计算机——“银河-Ⅰ”顺利通过了国家技术鉴定，标志着中国在巨型计算机研制领域实现了“零”的突破。到了1984年10月1日，在国庆大典上，我国首台“银河”巨型机模型在天安门广场受阅，向世人展示了其迷人的风采。

“争气机”，为中国争一口气！

20世纪70年代，世界上出现了一种令人惊叹的机器——巨型计算机。这种计算机的运算速度之快、规模之大，如同科幻小说中的神器，它们每秒能执行高达5 000万次的指令，为计算技术带来了前所未有的飞跃，国际科学界为之一振。这一突破不仅仅是科学界的狂欢，它的影响迅速波及生产、研究等多个领域。

石油勘探行业是一个对计算能力有着极高要求的行业。在那些被厚厚的土壤、无垠的沙漠或深蓝的海水覆盖的地方，地下的宝藏——石油和天然气，隐藏在岩层之中。科学家们需要通过间接的方法，来推断地下的地质结构。这个过程被称为石油物探，是寻找地下石油不可或缺的探险之旅。

那时，中国石油物探的数据处理还停留在老旧的技术阶段。大量的数据记录在磁带上，需要用卡车才能运输。这些磁带中蕴含的信息，需要经过复杂的计算分析，而老旧的技术让这个过程变得异常缓慢且低效。

面对这样的困境，中国的科学家们没有被吓倒。尽管当时国内的技术水平相对落后，资料匮乏，对国际上的巨型计算机了解有限，但他们的心中有着坚定的信念。他们决心汇聚所有的力量和智慧，研发出中国自己的巨型计算机，要争这口气，所以大家把它叫“争气机”。这个名字承载着他们的期望和决心——为国家争光，摆脱对外国技术的依赖。

探究与思考

“争气机”的名字由来是什么？中国历史上为中国争气的发明还有哪些？

就算豁出老命，也要把巨型机搞出来

1978 年 5 月，中国计算机科学的历史上迎来了一个重要的时刻。在长沙工学院（后更名为中国人民解放军国防科技大学）计算机研究所的带领下，全国 20 多个单位联合起来，共同发起了一个宏伟的计划——研制中国的亿次巨型机。在这场科技大会战中，慈云桂教授担任了亿次机的工程技术总指挥和总设计师。在总体方案论证会上，慈云桂教授坚定地宣誓：“我今年刚六十出头，就算是豁出这条老命也要把我国的巨型机搞出来！”

从那一刻起，慈云桂教授和他的团队开始了中国计算机史上最为壮阔的一次战役。他们为跟踪国际最新水平，夜以继日，全力以赴，不惜放弃了数月辛勤工作的成果，重新设计了更为先进的总体方案。他们创造性地提出了双向量阵列的全流水化体系结构，以弥补机器主频的不足；他们提出了主存素数模方案，大幅减少了访问冲突，提高了存储器的实际存取速度；他们还选用了高速动态金属氧化物半导体存储器作为主存，使得亿次机的容量远超当时国际主流巨型机。

为了保证亿次机的稳定性和可靠性，慈云桂教授带领团队坚持“三严”作风，层层严格把控质量关。全机底板 2.5 万条绕接线、12 万个绕接点，每个都经过至少 8 遍的检查；800 多块多层印刷板上的金属化孔，全部进行了孔壁检查、孔导通测试和绝缘测试；600 多块插件板上的焊点，经过不断的试验和创新，最终创造了 200 多万个焊点无一虚焊的奇迹。

在硬件创新的同时，他们也兼顾了软件的重要性。为了充分发挥巨型机硬件的性能，他们提出了与国外主流巨型机软件兼容的指导思想，并进行了并行操作系统、向量化编译、多级诊断和并行算法等研究。他们在中国首次采用软件工程方法，开发了多种软件工具，完成了近 200 万行结构化的程序设计任务。

科学家们的创造性劳动有哪些？请用数据一一列举出来。

1983 年 11 月，经过无数个日夜的辛勤工作，亿次计算机系统顺利通过了国家鉴定。主机平均无故障连续运行时间长达 441 小时，远超鉴定大纲的要求，达到了国际先进水平。张爱萍将军将其命名为“银河”。

慈云桂教授是如何带领团队保证亿次机的稳定性和可靠性的？想一想，200 多万个焊点无一虚焊，这其中凝聚着怎样的劳动精神。

银河亿次机的研制成功，不仅打破了西方大国在超高性能计算机领域对中国的封锁，还标志着中国计算机技术已经发展到了一个新阶段。聂荣臻元帅、张爱萍将军发来热情洋溢的贺信和贺词，国务委员、国家科委主任方毅到会祝贺。慈云桂教授在回顾这段经历时感慨万千，他抑制不住幸福的泪水，挥笔抒怀，写下了赞美银河的诗句。

银河疑是九天来，妙算神机费剪裁。
跃马横刀多壮士，披星戴月育雄才。

这不仅是慈云桂教授个人的荣耀，更是中国科技界的骄傲，是中国计算机科学发展的里程碑。

探究与思考

在“银河-Ⅰ”的研制过程中，凝聚着怎样的劳动？想一想，科学家们的劳动，与其他劳动者有何共同点和区别。

故事点评

“银河－I”亿次巨型机的诞生，不仅是中国计算机科学的一项伟大成就，更是中华民族自主创新精神的生动体现。它如同一条璀璨的星河，在科技的天空中闪烁，向全世界宣告了中国人民在科研领域独立自主、勇攀高峰的决心和实力。伟大的成就蕴藏着以慈云桂教授为代表的科技工作者的伟大精神，他们那种将个人的命运与国家的科技进步紧密相连，奋勇拼搏、不畏艰难、不惧挑战的科学精神永远熠熠生辉。

与速度赛跑的超燃冲压发动机

劳动促进高科技时代的到来。超声速燃烧冲压式发动机简称超燃冲压发动机，放弃携带氧化剂，转而在飞行中从大气里获取氧气，节省重量，这就意味着在消耗相同质量推进剂的条件下，超燃冲压发动机能够产生4倍于火箭的推力。如今，超燃冲压发动机已经插上翅膀，成为现实。

中国冲压发动机梦

在一个飞行器追逐速度的时代，冲压喷气式发动机（简称冲压发动机）作为一种革命性的动力装置，以其独特的魅力和强大的推力，吸引了全世界的目光。冲压发动机巧妙地利用迎面而来的气流，通过减速增压，使气流进入燃烧室与燃料混合燃烧，产生的高温高压燃气随后经尾喷管膨胀加速排出，从而产生巨大的推力。这个概念的提出，要追溯到 1913 年法国工程师雷纳・劳伦的智慧灵感，从那时起，人类就在这条与速度赛跑的道路上不断前行，至今已有 100 余年。

1957 年，中国决心加入这场速度的竞赛，成立了冲压发动机研究室，开始了大量的开创性研究工作。其中，有一位名叫刘兴洲的年轻人，成为中国冲压发动机事业的重要开拓者。

探究与思考

什么是冲压发动机？简单说一说冲压发动机的作用。

刘兴洲的故事要从他 4 岁那年说起，“七七事变”，日本飞机轰炸天津，他的家庭不得不在这场战乱中逃难。年幼的刘兴洲在心中种下了一个愿望：赶走侵略者，让祖国独立富强。刘兴洲对飞机产生了浓厚的兴趣，他立志要造飞机，为祖国的强盛贡献力量。

带着他的“飞机梦”，刘兴洲考入了清华大学航空工程学院（入学一年后，调整为北京航空学院，即现在的北京航空航天大学）。他的学习和职业生涯从此与航空发动机结下了不解之缘。在这里，他开始了对冲压发动机的深入学习和研究。

工作后，刘兴洲面临了前所未有的挑战，1959 年，中国的冲压发动机研究陷入了困境。但是冲压发动机研究室的年轻人没有被难倒，他们下定决心，要自己研发出来。他们发奋图强，精心研究、设计和生产，对待每一次试验都全神贯注，每次遇到挫折都冷静分析，不断寻找解决问题的途径。

最终，他们自行设计了试验设备，建立了自己的试验基地。1969 年，中国首型冲压发动机飞行试验取得成功，中国成功跨入世界上少数几个掌握冲压发动机技术的国家行列。

刘兴洲和他的同事们，用自己的智慧和汗水，书写了中国航空发动机事业的辉煌篇章，他们的精神继续激励着后来的科研人员，在追求速度和技术的道路上不断前行。

刘兴洲团队是如何克服困难，奋发图强的？科研人员们付出了哪些劳动？

与速度赛跑，超燃冲压发动机显神威

自从莱特兄弟在天空中留下第一道飞行的轨迹，世界各国就展开了一场无声的竞赛，一场关于速度的竞赛。科学家们不断地追求更快的速度，希望能够超越声音的界限，触摸到超声速的边缘。在这场竞赛中，超燃冲压发动机成为至关重要的一环，它能够在相同条件下提供 4 倍于火箭的推力，为高超声速飞行器提供强大的动力支持。因此，各国都在这个领域竞相追逐，希望能够率先掌握这门尖端技术。

在这场速度的竞赛中，中国的科研人员不敢有丝毫懈怠。吸热型碳氢燃料在冲压发动机主动冷却结构中吸热升温后会经历一系列复杂的物理化学过程。由此导致的热力诱导流动不稳定性是高超声速飞行器发动机主动冷却的关键问题之一。范学军，这位中国运载技术领域的专家，带领中国科学院力学研究所，在国内率先开展了主动冷却发动机技术的研究。科研团队夜以继日地工作，不断地探索和实验，2020 年，在超燃冲压发动机地面试验中创造了连续运行 600 秒的世界纪录，这一成绩不仅打破了美国 X-51 研究机 210 秒的纪录，更是将其运行时间提高了近 3 倍。

在追求速度和科技创新的道路上，中国科研人员展现出了不屈不挠的斗争精神和卓越的才智。他们通过不懈努力，为国家的科技进步做出了巨大的贡献，使中国在超燃冲压发动机领域占据了重要的地位。这是对速度的追求，更是对国家荣誉的捍卫。

探究与思考

请谈一谈你所理解的中国速度。中国经济社会高速发展的过程中，凝聚着劳动者哪些辛勤的付出？

故事点评

超燃冲压发动机的研制成功，不仅仅是一项技术上的突破，更是中国科技自信的体现，是中国科学家们对国家忠诚、对科学热爱的最好证明。它告诉我们，只要有决心、有毅力，就没有克服不了的难题。中国的科技事业，正是在这样一批批科学家的不懈努力和辛勤劳动下，一步一个脚印，从跟跑者转变为领跑者。面对未来，我们有理由相信，只要我们继续学习和发扬这种科学家精神，继续坚定不移地走科技创新的道路，中国的各项事业一定能够迎来更加辉煌的明天。

第二单元

劳动浇灌文明的花朵

劳动，不仅创造了世间无数的物质财富，更培育了丰富的精神瑰宝。本单元的内容，宛如一条穿越时空的纽带，串联起一系列闪耀着先进文化和精神文明光辉的故事，它们共同彰显了劳动在人类文明长河中的巨大推动力。

设想一下，神医华佗那双灵巧的手，在实践与探索中揭示了医学的奥秘与魅力；祖冲之聪慧的头脑，在天文与数学的海洋中绘制出瑰丽的图案；苏轼对生活充满热爱之心，在餐桌上将文学的美酒酝酿得越发醇厚；陆羽一生对茶的执着，让茶的艺术在悠悠岁月中流传；梁思成夫妇的执着与毅力，让建筑成为凝固的音乐，在时间的长河中奏响；再听，聂耳那不屈的音符，构建了一个个激励人心的音乐世界；徐悲鸿笔下的线条，以爱国情怀勾勒出美术的深邃韵味；路遥毕生的坚持，将平凡世界中的伟大演绎得淋漓尽致。

这一切，都是劳动的甘露滋养出的文明之花，它们的芬芳让全人类共同受益。本单元的故事，让我们在深刻感悟劳动价值的同时，也能在心灵深处体验到一种审美的愉悦，这是对劳动最崇高的礼赞，也是对人类文明最深情的颂歌。

世界上第一个使用麻醉剂的医生

麻醉剂是指用药物等方法使机体或机体局部暂时失去知觉及痛觉，多用于手术或某些疾病治疗的药剂。麻沸散是世界上最早发明和使用的麻醉剂，由东汉末年和三国年间杰出的医学家华佗（约145—208）所创制，公元2世纪我国已用麻沸散全身麻醉进行剖腹手术。

1772 年氧化亚氮（笑气）被发现，化学麻醉药物的出现使麻醉技术得到迅速发展。

酒能做麻醉剂吗？

汉末三国时期是一个动荡不安的时代，疫病频发，伤员很多。少年时期的华佗就立志成为一名治病救人的医生。他放弃仕途，选择四处游学，从民间汲取医术的精髓。他走遍千山万水，寻访名医，收集各种奇特的药方，只为解除百姓的疾苦。华佗的医术高明，医治了无数病人，攻克了很多疑难杂症，他的名字如同春风，吹拂到每一个需要他的角落，人们尊称他为“神医”。

在那个战火纷飞的时代，华佗的医术更显珍贵。无论是军队还是百姓，只要找到他，他都会全力以赴。但是，外科手术给病人带来的痛苦，却像一座无法逾越的高山，横亘在华佗的行医之路上。

华佗知道，他必须找到一种方法来减轻手术的痛苦。他尝试了许多次，但总是无法达到预期的效果。他并没有放弃，他相信总有一天会找到答案。

相传，华佗为一位病人进行手术，手术进行了几个时辰才结束。华佗累得筋疲力尽，为了解除疲劳，他让人买了些酒，独自喝了起来。然而，连日的劳累加上空腹饮酒，让华佗醉得不省人事。家人看到华佗的样子惊慌失措，急忙用针刺他的人中穴、百会穴、足三里穴，但华佗没有任何反应。家人摸他的脉搏，发现跳动正常，这才相信他真的醉了。第二天，华佗醒来，家人把昨晚的事情告诉了他。华佗大为惊奇：为什么给我扎针我不知道呢？难道说，喝醉酒能使人麻醉失去知觉吗？经过几次试验，华佗得出结论：酒确实有麻醉的作用。

为什么酒能使人失去知觉？华佗尝试用酒麻醉，体现了怎样的劳动精神？

从此，华佗在手术时让病人喝酒，以减轻痛苦。但是，有些手术时间长，刀口大，流血多，仅靠酒来麻醉还是无法解决问题。

一种有毒的臭麻子花

在华佗的行医生涯中，有一个奇特的病例，让他对一种植物产生了浓厚的兴趣，并最终促使他发明了麻醉药麻沸散。

一天，华佗像往常一样行医。突然，一家人慌张地带着一个病人来到他的诊所。病人牙关紧闭，口吐白沫，手攥拳，躺在地上动弹不得。华佗立刻上前查看，发现病人的脉搏和体温都没有异常，但神态却非常奇怪。华佗询问病人的家人，得知病人身体健壮，从未患过大病，只是误吃了几朵臭麻子花才出现了这种症状。

华佗的“神医”之名背后，包含了哪些努力？华佗身上具备一种怎样的品质？

华佗决定亲自察看臭麻子花。病人的家人送来了一株连花带果的臭麻子花。华佗接过来，仔细观察，然后摘下一朵花放在嘴里尝了尝。瞬间，他感到头晕目眩，满嘴发麻。他立刻意识到，这花具有强大的毒性。华佗决定采用清凉解毒的方法来治疗这个病人。经过一段时间的治疗，病人终于康复。华佗没有收取任何费用，只带走了一捆连花带果的臭麻子花。从那天起，华佗开始对臭麻子花进行深入研究。他尝试了不同的部位，包括叶子、花朵和果实、根茎，最终发现果实的麻醉效果最好。

华佗又走访了许多名医，收集了其他具有麻醉作用的药物，经过多次不同配方的炮制，终于成功研制出了麻醉药。他将这种药物与热酒混合，发现麻醉效果更佳。华佗给这种药物起了一个名字——麻沸散。这一发明，比西方医学家使用乙醚、氧化亚氮等麻醉剂进行手术要早 1600 年左右。

讲述一下华佗研究出麻沸散的过程。

华佗不仅是中国第一个使用麻醉剂进行外科手术的医生，也是世界上的第一个。他发明的麻沸散，为后世的外科手术提供了极大的便利，成为医学史上的一个重要里程碑。

简述华佗身上具有怎样的劳动品质？他为人类社会创造出了怎样的精神财富？

故事点评

神医华佗用自己的劳动和智慧创造了医学的奇迹。他关心百姓疾苦，潜心钻研医术。他认真对待每一个病患与每一例病症，身体力行，不惧危险，在实践中反复摸索探求，终于发明了麻沸散。华佗是医学史上首位采用麻沸散麻醉全身对患者进行手术治疗的医生，他对全球麻醉学和外科学的发展有着不可忽视的影响，被誉为“外科鼻祖”。

《大明历》与“祖率”背后的故事

祖冲之（429—500），字文远，范阳郡（今河北省境内）人，南北朝时期杰出的数学家、天文学家、科学家。他编撰《大明历》，优化时间计量。他首次将圆周率（π）精确到小数点后第七位，他提出的“祖率”对数学的研究有重大贡献。直到15世纪，阿拉伯数学家才打破了这一纪录。

“离经叛道”修历法

在遥远的南北朝时期，有一个名叫祖冲之的少年，他对数学和天文历法有着浓厚的兴趣。他经常独自一人，观测太阳和星球的运行。他的才华很快就引起了人们的注意，他的名字在小范围内开始流传。

南朝宋孝武帝听说了祖冲之的天文才能，便决定派他到华林学省工作。华林学省是一个专门研究学术的地方，祖冲之在那里可以更加专心地研究数学和天文。

在华林学省的日子里，祖冲之继续他对于天文的热爱，他的每一次观测都更加深入，他的每一次计算都更加精确。终于，他根据自己长期观察的结果，创制出了一部新的历法，他将其命名为《大明历》。这部历法测定的一年（回归年）的日数，与现代科学测定的结果只相差 50 秒；他测定的月亮环行一周的日数，与现代科学测定的结果相差不到 1 秒，这充分展示了他测定的精确程度。

公元 462 年，祖冲之请求宋孝武帝颁布施行《大明历》。孝武帝召集大臣商议此事，当时有部分保守派认为祖冲之要求改变老祖宗的历法是离经叛道的行为，于是极力阻止。祖冲之当场用他研究的数据进行反驳，用科学道理回答责难，没有人能与之辩论。

《大明历》成为中国历史上最精确的历法之一，祖冲之的名字也成为数学和天文历法领域的传奇。

祖冲之修改历法的过程体现了他怎样的品质？为什么说他的名字成为数学和天文历法领域的传奇？

苦功算祖率

祖冲之更大的成就是在数学方面。祖冲之自幼喜欢数学，在父亲和祖父的指导下学习了很多数学方面的知识。一次，父亲从书架上给他拿了一本《周髀算经》，这是一本西汉时期的数学和天文学著作。祖冲之从书中学到很多知识，但他并不满足于前人的成就。他在前人创造的“割圆术”基础上，通过无数次的演算，算出圆周率的真值相当于在 3.141 592 6 和 3.141 592 7 之间。这个数值在当时是世界上最为精确的，也是世界上第一个将圆周率推算到 7 位数字以上的科学家。

那么，祖冲之是如何在 1 500 多年前得出这样精确的结果的呢？要知道，那个时代还没有现代化的计算工具，他只能依靠算筹（小竹棍）进行计算。他每天天不亮就起床，一遍又一遍地挪动算筹，直到深夜。为了提高计算的精度，他在地上画了一个直径为一丈（1 丈≈ 3.33 米）的大圆，并从圆内接正六边形开始，不断进行切割计算。通过计算圆的内接正多边形的周长来逼近圆周长。

这样的计算过程是极其烦琐的。为了使内接正多边形的数目翻倍，每

翻一番，祖冲之至少要进行 7 次加减运算，还要进行 12 位小数的 2 次乘方和 2 次开方。

他的坚持和努力最终成就了这个数学史上的奇迹。不肯下功夫、不肯钻研的人，是绝对无法完成这么巨大的运算工程的。要创造，就必须付出辛勤的劳动、精益求精。

祖冲之是如何验证圆周长的？

圆周率的计算，是祖冲之在数学领域的一项杰出贡献，他的成就不仅在东方广受赞誉，也给西方数学史家留下了深刻的印象。有外国数学史家甚至将 π 称为“祖率”，以纪念这位古代数学家的伟大成就。

现代科学家们在研究了月球背面的照片后，决定用世界上一些最有贡献的科学家的名字来命名月球上面的山谷。在这些名字中，有一座环形山被命名为“祖冲之环形山”。这个名字的选择，不仅是对祖冲之在数学领域卓越贡献的认可，也是对他那跨越时空的影响力的致敬。

“祖冲之环形山”这个名字，是在遥远太空中的永恒纪念，它提醒着世人，无论是在地球还是在月球，祖冲之的智慧都将继续闪耀。这个名字不仅是一个科学发现的记录，更是一座跨越了文化和时代界限的桥梁，连接着古代中国的智慧与人类对未来世界的探索。

祖冲之在数学方面的创造发明，对后世有什么样的影响？

你还能列举出哪些为科学做出巨大贡献的中国古代科学家？

故事点评

科学的进步离不开人类的劳动创造。修历法、算祖率，祖冲之对我国数学和天文历法的发展，乃至对全世界的数学发展史都做出了巨大的贡献。虽然他已经去世 1 500 多年，但我们每个人都应该向他学习。我们应该学习他广泛汲取古人的智慧且不拘泥于其成果的精神，学习他艰苦劳动、尊重事实、勇于创造、严谨治学以及敢于坚持真理的可贵品质。

餐桌上的诗词大会

苏轼（1037—1101），世称苏东坡、苏仙，字子瞻，又字和仲，号东坡居士。北宋眉州眉山（今属四川）人，北宋著名文学家、书法家、画家。苏轼本人是个美食家，宋人笔记小说中有许多关于苏轼发明美食的记载。

清苦生活中的美食乐趣

苏轼是文学界的巨匠，是官员中的楷模，是才子中的雅士，是凡人中的智者。他的故事如同他的诗、词、书法和美食一样，流传千年、经久不衰。

苏轼出任徐州知州时适逢黄河决口，他身先士卒，带领百姓抢险抗灾，终于战胜了水灾。徐州百姓为了慰劳他，纷纷杀猪宰羊。苏轼推辞不掉，就让家人按照四川老家的做法，把猪肉炖好回赠给参与抗灾的百姓。大家都觉得此肉肥而不腻、酥香味美，一致称其为“回赠肉”。

苏轼后又因“乌台诗案”被贬为黄州团练副使。靠着微薄的俸禄无法养活家人，他便在黄州城外的东坡上开荒种地，自号“东坡居士”。自此，人们便称他为苏东坡。即使生活艰难，苏东坡也抱着极为乐观的心态，通过自己的勤劳为平淡的生活增添滋味。他在《初到黄州》一诗中写道“长江绕郭知鱼美，好竹连山觉笋香”，看到长江环绕城郭就想到了鱼的鲜美，看到漫山遍野的好竹就想到了竹笋的清香。

探究与思考

说一说苏东坡“东坡居士”的由来。你认为苏东坡被贬黄州的时候，是如何在劳动中找到生活乐趣的？你从苏东坡身上学到了怎样的人生智慧？

生活虽然清苦，但美食使苏东坡的生活充满了乐趣。黄州的猪肉非常便宜，苏东坡买来猪肉，用慢火清炖，然后加入酱油等调料，做出的肉美味无比。为此他还专门写了《猪肉颂》：“净洗铛，少著水，柴头罨烟焰不起。待他自熟莫催他，火候足时他自美。黄州好猪肉，价贱如泥土。贵者不肯吃，贫者不解煮，早晨起来打两碗，饱得自家君莫管。”

苏东坡任杭州知州时，指挥疏浚西湖，筑苏堤。杭州百姓为了感谢他，过年时抬猪担酒送给他。苏东坡指点家人将猪肉切成方块，烧得红酥，然后分送给大家吃，这就是“东坡肉”的由来。

文学与美食共享

苏东坡一生爱竹，也爱食肉，而把两者完美结合在一起的，也只有苏东坡这样热爱生活的人了。

苏东坡用其情有独钟的竹笋和猪肉一起煮，而且还在一次美食聚会上，把“竹笋焖猪肉”写入他的诗中，让在座的宾客称赞不已。他的美食不仅满足了味蕾，也滋养了心灵。当苏东坡被贬黄州的时候，生活极其困苦，但他却能在艰苦的环境中找到劳动的乐趣。由于黄州临近长江，鱼也成为他美食的原料。闲暇无事之时，苏东坡常像渔夫一样身披蓑衣，在江边垂钓，上钩的鱼很快就上了他的餐桌。

探究与思考

说一说苏东坡是怎样用自己的生活和心境来创造独特的美食文化的？这对我们产生了怎样的影响？

北宋元丰五年（1082 年）晚秋时节，苏东坡与几位好友乘一叶小舟在长江上品酒赋诗。当小舟行至赤壁，面对月上东山、水光接天的美景，在美酒半酣之时，苏东坡挥毫写下了《赤壁赋》。这不仅留下了千古传诵的名作，也留下了他对生活的热爱和追求。

不久，一位朋友送来了一条“巨口细鳞”的鲈鱼，苏东坡也拿出了珍藏已久的好酒，再次乘舟来到赤壁。这一次，他写出了《后赤壁赋》。他的文学创作，如同他的美食一样，永远让人心驰神往。

故事点评

美食文化，无疑也是劳动与智慧的结晶。其中，北宋文豪苏轼的故事尤为引人入胜。在仕途坎坷、生活清贫的岁月里，苏轼却能将平凡的食材转化为一道道美味佳肴。他以豁达的心态、博大的胸怀，在平淡生活中品味出独特的滋味，品味出深厚的文化，更达到了一种超凡的境界，令人由衷钦佩。

据统计，在苏轼的全部作品中，涉及食材、食品的内容多达千余篇，其中与吃有关的诗作多达50余首。他的饮食哲学与美食智慧更是远播千里，全国各地冠以“东坡”之名的菜肴琳琅满目，多达60余道，成为中华美食文化中不可或缺的一部分。

一生品尽天下水

陆羽（733—804），字鸿渐，复州竟陵（今湖北天门）人，字鸿渐，号桑苎翁。陆羽对茶叶有着浓厚的兴趣，长期进行调查研究，精通茶树栽培、育种和加工技术，并擅长品茶。作为唐代著名的茶学专家，他被后人誉为“茶仙”“茶圣”。陆羽一生酷爱茶叶，精通茶道，并以编写世界上第一部茶叶专著——《茶经》而闻名于世。他也擅长诗歌创作，但现存的诗文并不多。

少年立志

在古老的华夏大地上，中国作为四大文明古国之一，孕育了无数灿烂的文化瑰宝。其中，茶文化就像一株嫩绿的茶苗，在华夏儿女的辛勤浇灌下，茁壮成长，绽放出独特的芬芳。而茶文化的深厚底蕴，离不开一个传奇人物——陆羽。

陆羽原是被遗弃的孤儿，3 岁时被竟陵龙盖寺的智积禅师收养。在寺中，他学文识字，习诵佛经，还学会煮茶等事务。

岁月如梭，陆羽对知识的渴望越发强烈。在一次劳作中，他望着天空哀叹，时光匆匆，我的读书梦恐怕再难实现。于是在一个深夜，陆羽悄悄离开了龙盖寺，踏上了未知的旅程。

天亮时，他偶遇了一个戏班子，班主见他孤苦无依，便收留了他。在天宝年间的竟陵庆典上，陆羽的表演意外引起了河南府太守李齐物的注意。庆典结束后，李齐物与陆羽交谈，了解到他的梦想，便赠予他诗书，点燃了他心中求知的火焰。陆羽随后找到了著名的教书先生邹夫子，开始了多年的学习生涯，他的文采渐渐被人称颂，与诸多唐朝诗人有了诗文上的交流。

陆羽学成归来后，回到了竟陵。当地的官员崔国辅也是爱茶人，崔国辅听闻陆羽精通茶道，便邀请他一同品茶论诗。在崔公的影响下，陆羽对茶的热爱达到了新的高度，他的人生也因此有了明确的方向——致力于成为茶文化的传承者与创造者。

探究与思考

陆羽在成为茶圣之前，经历了哪些挫折？他少年时的经历，对他今后的人生有何影响？

品尽天下水

在陆羽二十几岁时，他立下了一个宏伟的志向：撰写一本前人未曾涉猎、却为许多人所期盼的书籍。这本书将收录世间所有的茶叶，无论是上品还是下品，他都要一一记录在案，并根据自己的理念进行分类。作为茶文化的先驱，陆羽开始了不懈的尝试和品味，这一过程持续了十余年。在这漫长的时间里，他考察了 32 个州，足迹遍布唐朝的大江南北。

然而，考察的结束并不意味着书写的完成。每次考察之后，陆羽都需要将所得记录下来，并进行编纂。那时没有现代的电子设备，他只能依靠毛笔和墨汁，一点一滴地将知识凝结在纸上。为了撰写著作，陆羽在唐朝上元初年（公元 760 年）隐居山间，闭门不出，专心著述。他时常身披短褐，独自在山野间行走，深入农家，寻找好茶和清泉，品评茶叶和水质。有时他吟诵经文，有时他杖击林木，手弄流水，沉思徘徊，直到夜幕降临，才带着满腔的感悟归家。经过 5 年的不懈努力，陆羽终于完成了《茶经》的初稿。

初稿完成后，陆羽又面临着对书中内容进行核实和修订的艰巨任务。这个过程同样是漫长而艰辛的，经过不断地求证、修订，《茶经》的编撰工作才宣告完成。《茶经》系统地总结了唐代及之前的茶学、茶艺知识，并融合了陆羽自身的实践经验，涵盖了茶的性状、品质、产地、采制和烹饮方法及用具等内容，构建了一套完整的茶学体系。

探究与思考

陆羽编撰《茶经》花费了多少时间？你还能列举出像陆羽这样具有钻研精神的人物吗？说一说你对此的看法。

陆羽去世后，后人尊他为“茶圣”。他的一生，不喜权贵，不追求财富，热爱自然，潜心钻研。《全唐诗》中记载了陆羽的一首诗，反映了他高尚的人格和品德：“不羡黄金罍，不羡白玉杯。不羡朝入省，不羡暮入台。千羡万羡西江水，曾向竟陵城下来。”

这首诗表达了陆羽对自然的热爱和对物质名利的淡泊，成为他一生的写照。

探究与思考

陆羽编撰《茶经》的过程是一种怎样的劳动过程？你认为要完成一件事，需要付出哪些努力？

故事点评

陆羽对茶有浓厚的兴趣，他凭借着自己的勤劳与智慧，书写了茶文化的辉煌篇章。他长期致力于调查研究，精通茶树栽培、育种和加工技术，并擅长品茗。他呕心沥血所著的《茶经》，是我国历史上第一部全面而系统的茶学专著。陆羽将自身所总结的一套茶学、茶艺、茶道理念融入其中，将日常品茗活动升华为一种高雅的文化艺术，这一成就无疑在中国茶文化史上具有划时代的意义。

一生献给中国建筑史的伉俪

梁思成（1901—1972），籍贯广东新会，毕生致力于中国古代建筑的研究和保护，是建筑历史学家、建筑教育家和建筑师，被誉为“中国近代建筑之父”。梁思成曾任中国科学院学部委员，参与了人民英雄纪念碑、中华人民共和国国徽等作品的设计工作。

林徽因（1904—1955），原名徽音，祖籍福建闽侯（今福建福州）。林徽因是清华大学教授，中国著名的建筑学家、作家，中国第一位女性建筑学家，梁思成的妻子。

中国第一个建筑系

梁思成1901年在日本东京出生。他的父亲，著名的维新派人物梁启超，在他的成长过程中倾注了大量的心血，培养了他对中国文化的深厚情感。

随着辛亥革命的隆隆炮声，11岁的梁思成跟随父母踏上了归国的航船，回到了祖国的怀抱。3年后，14岁的他展现出了非凡的才华，考入了清华学校（清华大学前身）。在校期间，他不仅体育、绘画、音乐样样精通，还对政治充满了热情。在“五四运动”的浪潮中，他是清华爱国学生组织“爱国十人团”和“义勇军”的中坚力量。

1924年，梁思成与他的恋人林徽因一起远赴美国，开启了他们的留学生涯。

1928年3月，梁思成和林徽因在加拿大渥太华携手步入了婚姻的殿堂，两位年轻人在共同的志趣和梦想的引领下，同年回到了祖国。梁思成受邀前往东北大学任教，满腔热情地希望为国家培养新一代的建设者。他在东北大学创立了中国现代教育史上第一个建筑系，并担任系主任，为中国建筑教育的发展奠定了坚实的基础。

探究与思考

谈一谈梁思成夫妻的学习经历。你还了解他们之间的哪些故事？

第一部中国建筑史

1928 年，梁思成和林徽因夫妇归国之际，面对的是一片文化遗存的荒凉景象。中华民族拥有几千年的文化传统和丰富的遗产，但此时却陷入了深深的困境。龙门石窟的珍贵石雕被盗，敦煌的壁画被劫，梁思成在国外博物馆中看到了无数被掠夺的石刻、铜器等，这些千年文物流落异国他乡。许多古建筑在风雨中摇摇欲坠，只有少数国外学者对它们进行过考察，而国内学者研究本国建筑文化竟还要依赖国外的书刊。这一切让梁思成深感民族之耻，他下定决心：中国人必须研究和书写自己的建筑史。

探究与思考

梁思成的决心是什么？为什么他会有这样的决心？

1931 年，梁思成夫妇回到北京，加入了中国营造学社，开始了对中国建筑的深入考察和研究。为了解我国古建筑的分布情况，他们采取了前所未有的方法：给全国每个县的邮政局局长寄去两块大洋。尽管梁思成和林徽因作为教授的收入颇丰，但这样的投入也是相当可观的。梁思成在信中说明了自

己的目的，希望收到钱的邮政局局长能拍摄当地的古建筑照片并寄回。梁思成以这种方式收集资料，心中并无十足把握，但他的努力得到了全国各地的响应，每一个县的邮政局局长都寄回了本地的古建筑照片。从 1931 到 1945 年，他与中国营造学社的同仁一起，走遍了全国 15 个省份的 200 多个县，实地考察和测绘了 2 000 余处古建筑。

1944 年，《中国建筑史》完稿。这部里程碑式的著作总结了中国古代建筑的发展历史、规律和特点，并从政治、经济、文化等多个维度进行了深入分析，其学术成就达到了前所未有的高度。梁思成的这部作品，不仅为后人提供了宝贵的资料，更标志着中国建筑研究的一个崭新起点。

你认为梁思成夫妇具有哪些优秀的品质？他们为编写《中国建筑史》付出了哪些劳动？这部著作对于中国建筑研究有何重要作用和意义？

人民英雄纪念碑的“小屋顶”

为了缅怀自1840年以来在中国革命斗争中英勇牺牲的先烈们，1949年9月30日，中国人民政治协商会议一致通过决议，决定在首都北京的心脏地带——天安门广场，建立一座“人民英雄纪念碑”。会议的当天下午，毛泽东主席与所有与会政协委员共同出席了奠基仪式。在庄严肃穆的气氛中，毛泽东主席亲自宣读了纪念碑的碑文，并在天安门广场与委员们一同挥锹动土，为纪念碑的建立奠定了第一块基石。

梁思成和林徽因作为专家组的成员，参与了纪念碑的设计工作。经过深思熟虑，他们做出了一个创新的决定，摒弃传统的平铺式墓碑样式和高大的雕塑，转而以碑文为主题、以浮雕为衬托，打造一座独具特色的纪念碑。梁思成提出的“中而新、西而新、中而古、西而古”的建筑设计评价标准，在这里得到了完美体现，人民英雄纪念碑的四方体碑形设计，正是这种思想的具体实践。

梁思成还巧妙地借鉴了多处古建筑的外形元素，在纪念碑顶部创新性地增加了一个“小屋顶”装饰，这一设计不仅成为人民英雄纪念碑的标志性特征，而且后来也被广泛应用于各种新建筑物上，成为现代建筑与传统文化相结合的典范。

梁思成夫妇参与设计人民英雄纪念碑提出了怎样的理念？表现出他们什么样的精神品质？

故事点评

在劳动的创造下，建筑文明绽放出璀璨的光芒。梁思成和林徽因两位怀揣梦想的年轻人学成归国后，毅然将一生的精力奉献给了中国的建筑事业。为了探寻古建筑的奥秘，他们常年跋涉于深山茂林之间，克服重重困难，进行详尽的考察、拍照、绘图和笔记记录，最终撰写了多部珍贵的建筑学著作。

其中，《中国建筑史》这部巨著，首次将中国建筑史学纳入系统科学研究的范畴，深刻揭示了中国古代建筑的设计规律和技术要点，使中国建筑史从混沌中走向清晰，并成功形成了一门独立的学科。如今，在天安门广场矗立的雄伟而庄严的人民英雄纪念碑，便凝聚了这两位建筑大师的设计智慧和深厚的爱国情怀，成为中华民族不朽的丰碑。

用青春奏响《义勇军进行曲》

聂耳（1912—1935），原名聂守信，云南玉溪人，生于昆明，音乐家，中华人民共和国国歌《义勇军进行曲》的作曲者。聂耳创作了数十首革命歌曲，他的一系列作品影响中国音乐几十年。他的音乐创作具有鲜明的时代感、严肃的思想性、高昂的民族精神和卓越的艺术创造性，为中国无产阶级革命音乐的发展指明了方向，树立了中国音乐创作的榜样。

学习之路

每当五星红旗在晨曦中冉冉升起，那激昂的旋律便在我们心中回响："我们万众一心，冒着敌人的炮火前进！冒着敌人的炮火前进！前进！前进！进！"这首《义勇军进行曲》犹如中华民族不屈不挠的号角，吹响前进的号令，激励每一个中国人。

探究与思考

当你参加升旗仪式时，内心有什么感受？你会想到些什么？

1949 年 9 月 27 日，中国人民政治协商会议第一届全体会议正在紧张地进行着。周恩来宣布通过表决，以《义勇军进行曲》作为新中国的代国歌。会场上的掌声如雷鸣般响起，经久不息。这首歌的创作者，就是被誉为"人民音乐家"的聂耳。

聂耳童年时家境并不富裕，他的父亲早逝，家庭贫困。母亲为了他的学费甚至卖掉了父亲的遗物——八音钟。聂耳的求知欲旺盛，为了节省买书钱，他用纸工工整整地抄写了两本“书”，一本国文，一本算术，就这样开始了他的求学之路。

探究与思考

你从小聂耳身上学到了哪些品质？你认为艰苦的环境是否会影响自己梦想的实现？

由于参与革命活动，聂耳被当局列入黑名单，1930 年他不得不离开家乡，来到上海。初到上海，他在一家云南人开的商号里当伙计。1931 年，聂耳报考“明月歌剧社”。主考人是音乐家黎锦晖，他被聂耳身上那种奋发向上的热情和音乐天赋所吸引，毫不犹豫地录取了聂耳。

当时的条件非常简陋，但聂耳并没有放弃。他时常站在墙角练琴，一练就是一整天，甚至忘记了吃饭。他的小提琴老师王人艺与他同龄，教琴却非常严格。在王人艺的指导下，聂耳勤奋用功，一天至少要“恶补”7 个小时的琴艺。他的努力没有白费，他很快就成了首席小提琴手。

探究与思考

请概述聂耳在“明月歌剧社”的学习经历，说一说聂耳身上具备的品质。他为自己的音乐成就付出了哪些劳动？

国歌的诞生

1933 年年初聂耳经田汉介绍，加入了中国共产党。成为一名共产党员后，聂耳将共产主义作为自己的信仰，更加充满热情地投入革命音乐的创作中。

1934 年 7 月，电影作家田汉决定创作一部以抗日救亡为主题的电影《风云儿女》。他需要一首主题歌，歌名叫作《义勇军进行曲》，于是选择了影片中诗人辛白华所写的《万里长城》长诗的最后一节作为歌词。电影故事和歌词刚刚完成之际，田汉就不幸被当时的反动政府逮捕了。左翼戏联的另一位负责人夏衍得到了田汉留下的剧本和歌词，继续电影的准备工作。聂耳得知这一情况后，不顾个人安危，找到夏衍和《风云儿女》的导演许幸之，主动要求为这首歌作曲。在创作过程中，聂耳全身心投入，时而弹奏钢琴，时而用手在桌子上打拍子，时而踱步，时而高歌。不久，为了逃避反动政府的追捕，聂耳不得不出国，但他仍在国外继续谱曲。

1935 年，《风云儿女》电影首映，主题曲《义勇军进行曲》的影响力远远超越了电影本身，成为那个时代革命的号角，激励了无数爱国志士。

探究与思考

聂耳为什么不顾个人安危谱写《义勇军进行曲》？认真品味歌曲，说一说自己获得的启示。

1987 年第五届全国人民代表大会第一次会议修改了《义勇军进行曲》的歌词，1982 年第五届全国人民代表大会第五次会议决定恢复原歌词，为中华人民共和国国歌。2004 年，第十届全国人民代表大会第二次会议通过宪法修正案，将《义勇军进行曲》正式确定为中华人民共和国国歌。

故事点评

人民音乐家聂耳的一生是短暂而光辉的，他用自己的勤奋和毅力攀登上了音乐艺术的巅峰。从 1933 年到 1935 年，他共创作歌曲 35 首，将满腔爱国热情都倾注在了音乐上，谱写出一首首唤醒国民的战歌。《义勇军进行曲》堪称他光辉岁月的巅峰之作。歌曲点燃了蕴藏在中国人民心中的爱国热情，也象征着我们中华民族顽强的意志和不屈的精神。

我代表祖国作画

徐悲鸿（1895—1953），原名徐寿康，江苏宜兴人，中国现代著名画家、美术教育家，曾任中央美术学院院长。擅长素描、油画、中国画。他把西方艺术手法巧妙融入中国画中，创造出了新颖而独特的风格。他的素描和油画也融入了中国画的笔墨韵味。他的创作题材广泛，包括山水、花鸟、走兽、人物、历史、神话等，无不落笔有神、栩栩如生。他的代表作油画充满了爱国主义情怀和对劳动人民的同情，表现了人民群众坚韧不拔的毅力和威武不屈的精神，也表达了对民族危亡的忧愤和对光明解放的向往。他常画的奔马、雄狮、晨鸡等，给人以生机和力量，表现出令人振奋的积极精神。

我代表我的祖国

徐悲鸿的故事就像一幅水墨画，淡雅而又深刻。他出生在江苏宜兴一个贫寒的家庭，原名徐寿康，寓意长寿和康宁。徐悲鸿的童年是伴着书香和墨香成长的，他的父亲徐达章是一位私塾先生，擅长诗文和书法，对绘画也有所涉猎。徐悲鸿自幼聪颖过人，6 岁就开始跟随父亲学习四书五经，后来又拿起了画笔。每天午饭后，他都会临摹晚清名家的画作，学习调色和设色的技巧。10 岁时，他已经能在父亲的画作中填彩敷色，甚至能为乡里人书写春联。每当听到乡亲们的夸赞，徐悲鸿的心中便充满了劳动换来的幸福感。

童年的徐悲鸿身上有哪些优秀的劳动品质？这对他今后的人生道路有何影响？

1908 年，宜兴发生水灾，徐悲鸿不得不随父亲四处卖画，以维持生计。后来，他负担起家庭的开销，同时在 3 所学校担任图画课的教学工作。19 岁时，父亲病故让徐悲鸿的生活更加艰难。他 20 岁来到了上海，在友人的帮助下，成功考入了震旦大学法文系，为日后的赴法留学打下了坚实的法语基础。

1919年，徐悲鸿踏上赴法留学的旅程，考入巴黎国立高等美术学校学习油画和素描。在那里，他不仅学习了西方的绘画技艺，还游历了西欧各国，深入研究西方美术。然而，当时的中国正处于军阀混战的动荡时期，贫穷落后，中国留学生在国外常常受到歧视。

在一次留学生聚会上，一个醉酒的外国学生贬低中国人，称他们只配当亡国奴。徐悲鸿被激怒了，他挺身而出，挑战这个洋学生，表示要代表祖国与他一较高下。从此，徐悲鸿的学习更加勤奋，他的坚持和才华赢得了法国著名画家的欣赏和指导。

最终，徐悲鸿在巴黎国立高等美术学校取得了卓越成就，他的油画作品在巴黎展出时引起了轰动。那个曾经贬低中国人的洋学生，不得不承认自己不是中国人的对手。徐悲鸿用自己的才华和努力，为祖国赢得了尊重，也为自己赢得了荣誉。他的故事，就像他笔下的画作一样，充满力量和生机，激励着无数人。

徐悲鸿与外国学生的比试，表现出他身上的一种什么样的气节？作为中国人，你认为我们应该具备怎样的民族气节？

卖画救国

在“七七事变”的硝烟中，日寇的铁蹄践踏着中国的土地，烧杀抢掠的恶行让无数家庭破碎，数以万计的难民背井离乡，流离失所。远在异国的徐悲鸿心系祖国，忧心如焚。他沉思良久，决定以自己擅长的艺术为武器，为国家和人民做出贡献。他决定去新加坡举办画展，希望通过售卖自己的作品，筹集资金帮助难民，并向海外的华侨宣传抗日救亡。

1938 年岁末，徐悲鸿赴新加坡举办筹赈画展，那里炎热的气候仿佛是他心中爱国热情的写照。为了筹备画展，他每天站在画案前，不顾汗如雨下，夜以继日地工作。他的画笔下不仅仅是色彩和线条，更是对祖国和人民的深情厚谊。一位华侨朋友见状，担心他的健康，劝他不必如此辛苦，但徐悲鸿坚定地说，这是在为苦难中的同胞作画，为祖国献出自己的一份力量。

然而，长时间的劳累和巨大的精神压力让徐悲鸿的身体不堪重负。他突然病倒了，腰部剧烈的疼痛让他不得不卧床休息。即使在这样的情况下，他仍然没有放弃。一旦腰疼稍稍减轻，他就顽强地再次拿起画笔，继续他的艺术抗战。

画展如期开幕，华侨们被徐悲鸿的爱国情怀所感动，他们纷纷慷慨解囊，竞相购买他的作品，以实际行动支持祖国。徐悲鸿的画作，不仅筹集到了资金，更凝聚了海外华侨的心，让他们与祖国同呼吸、共命运。此次画展不仅是一场艺术的盛宴，更是一次爱国主义的洗礼，激励着人们为自由和和平而战斗。

徐悲鸿卖画救国体现了怎样的情怀？说一说你的感受。

马是精神的象征

徐悲鸿擅长以马喻人、托物抒怀，以此来表达自己的爱国热情。

抗日战争进入了艰苦的相持阶段。作为中华民族的铮铮铁骨男儿，徐悲鸿的爱国热情从未消减。他在《秋风立马图》上题诗：“秋风万里频回首　认识当年旧战场”，把骏马比作战斗英雄，寄托了他对国家的热爱和抗战的决心。

1942 年，徐悲鸿在重庆筹办中国美术学院。1943 年，为筹集建院资金，他在那里举办了画展，义卖作品筹集资金。在成都，他得到了慷慨资助，为了表示感谢，他创作了巨幅《五骏图》。画中的 5 匹骏马在江边饮水，它们的外形和姿态各异，但它们相互关心、心灵相通。这幅作品不仅展现了徐悲鸿对自由的向往，也体现了他四处奔走、唤醒民众、支持抗战的决心。

1953 年 9 月 26 日，徐悲鸿因脑出血病逝，享年 58 岁。他一生节衣缩食，收藏了唐、宋、元、明、清及近代著名书画家的作品 1 000 余件，图书、画册、碑帖等 1 万余件，连同他的作品 1 000 余幅，全部捐献给了国家。他的慷慨捐赠，不仅体现了他对艺术的热爱，更是他对国家和人民的深情厚谊。徐悲鸿的一生，是艺术的一生，更是爱国的一生，他的故事将永远流传在人们的心中。

探究与思考

欣赏徐悲鸿的《奔马图》，看一看能从画里看到什么精神，体会徐悲鸿是如何以马的精神来表现人的气节的。

故事点评

在文明的演进历程中，人类的劳动与智慧扮演着举足轻重的角色。徐悲鸿被誉为“中国近代绘画之父”，是中国现代美术事业的奠基人，他对中国绘画的发展做出了不可磨灭的贡献。

他巧妙地将个人的艺术专长与深厚的爱国情怀融为一体，选择马作为正在觉醒的中华民族精神的象征。通过画笔，他展现了中国人的坚韧风骨与高尚气节。徐悲鸿笔下的马，形态各异、栩栩如生，它们清新自然、刚劲有力，充满了激情与活力，每一笔都凝聚着令人震撼的力量，仿佛能触动人的灵魂。

平凡的世界，不平凡的一生

路遥（1949—1992），原名王卫国，出生于陕北榆林清涧县，毕业于延安大学，曾任《陕西文艺》编辑，中国当代作家。他的代表作有长篇小说《平凡的世界》《人生》等，曾获全国优秀中篇小说奖、茅盾文学奖等荣誉。他1969年回乡务农期间做过许多临时性的工作，并在农村小学任教一年。1992年11月17日，路遥因病医治无效在西安逝世。

每个人的生活都是一个世界

路遥的小说《平凡的世界》中的经典话语“其实我们每个人的生活都是一个世界，即使最平凡的人也要为他生活的那个世界而奋斗”，道出了人生的真谛。而路遥本人，正是那个在平凡世界里努力奋斗的平凡人。他的作品展现出的奋斗不息的昂扬斗志，深深感染了无数读者，激励着一代又一代青年走上自己的人生征程。

由于家庭贫穷，路遥从小就被送到伯父伯母家生活。他的伯父也是个农民，家里也很穷困，只能勉强供他上完村里的小学。贫困艰难的生活给他幼小的心灵留下了深刻的印象。考初中时，伯父伯母不希望他继续上中学，一心想让他成为一个农民。路遥为了证明自己，坚持参加了考试，并从 1 000 多名考生中脱颖而出，考上了县立中学。然而，伯父无力再供他上学，于是让他去砍柴。路遥却一心向往着去学校念书，他把绳子、锄头扔下，跑去上学了。小学几个要好的同学，凑合着帮他上完了初中。

这段艰苦的经历，对路遥的人生和创作心理产生了深远影响。《在困难的日子里》《平凡的世界》等作品，都有他本人的苦难身影和辛酸烙印。但是，路遥从来没有放弃对未来的希望和追求，他相信凭借着自己的努力一定能改变命运。

探究与思考

“其实我们每个人的生活都是一个世界，即使最平凡的人也要为他生活的那个世界而奋斗。”你如何理解这句话？说一说你的感受。

路遥的小说《平凡的世界》中，孙少平这一角色上学的遭遇基本借鉴了路遥的亲身经历。正是这段经历，让他的作品更加真实感人。他的文章就像一面镜子，映照出了那个时代人们的生活状态和心理变化。正如他在书中所写：“时光静悄悄地流逝，世界上有些人因为忙而感到生活的沉重，而有些人因为闲而活得压抑。”

路遥的故事，就像他笔下的《平凡的世界》，充满了生活的艰辛和希望，激励着人们勇往直前，追求自己的梦想。

获得茅盾文学奖

《平凡的世界》这部宏伟的艺术巨著，是路遥的心血之作，它的创作过程并不轻松。全书超过 100 万字，路遥花费了 6 年的时间才完成这部作品。在这漫长的创作过程中，他不仅翻阅了近 10 年的《人民日报》，还进行了大量的阅读，度过了长期的孤独，这些经历让他几度陷入困境，甚至丧失了自理的能力。这 6 年间，他的写作地点更换了好几次，但他的创作心境却始终如一。

当路遥再次出现在公众视野时，熟悉他的人都被他的变化所震惊。为了完成这部作品，他付出了巨大的努力。1991 年，《平凡的世界》荣获茅盾文学奖。

然而，在路遥获得茅盾文学奖的时候，他却连去北京领奖的车费都没有。在中国文坛，可能找不到第二个像路遥这样的作家。作家需要面对无尽的孤独，并付出常人难以理解的坚持。在路遥创作《平凡的世界》第二部时，他的身体再次出现问题，甚至吐血。他的弟弟王天乐劝他停止第三部的写作，但路遥坚持要用生命来完成这部作品。

1992 年 11 月 17 日，路遥因肝病医治无效，走完了他平凡而又悲壮的人生旅程。他的一生，在平凡中书写了永恒的伟大。

2018 年，路遥被授予“改革先锋”称号。

2019 年，《平凡的世界》入选“新中国 70 年 70 部长篇小说典藏。”路遥被评为“最美奋斗者”。

探究与思考

你如何看待路遥用生命写作的价值观？路遥的生命虽然终止了，但是他所留下的很多东西并没有终止，你认为有哪些？

故事点评

文学作品的诞生，源自文学家的辛勤劳动与创新思维。面对生活的苦难，作家路遥的心灵深处始终闪耀着希望之光，他努力向着光明前行，用《平凡的世界》这部不朽之作，谱写出了生命的辉煌篇章。他以其深刻的人文关怀和现实主义精神，向我们展示了普通人在困境中如何闪耀出人性的光辉。他告诉我们，即使在平凡的生活中，每个人都可以找到属于自己的价值，每一个平凡的人生都蕴含着深远的意义。

第三单元

千姿百态的劳动世界

在本单元内容中，我们将共同探索劳动形态的多样性和变迁，从传统到现代，每一段故事都蕴含着劳动的智慧和力量。无论是古代的智慧还是现代的创新成果，劳动始终承载着人们的梦想和希望。

让我们一起穿越时空的隧道，回到遥远的古代。聆听二十四节气的韵律，它体现了劳动人民对大自然的敬畏与他们的智慧；景泰蓝创制的传说，折射出传统手工劳动者经过苦思冥想后闪现的灵感和他们掌握的精湛手艺；同仁堂的坚守与传承，每一步都铭刻着劳动者的辛勤汗水和无穷智慧；剪纸大师手中的剪刀，以严谨和细致剪裁出艺术的空灵之美。在现代社会的快节奏中，家政人为了千家万户的幸福勤奋付出；屠呦呦团队不懈地求真与探索，让中国药学在世界舞台上绽放出夺目的光彩；一粒粒用丝绸包裹的杂交水稻种子，被一群劳动者带上非洲的土地，展现了“一带一路”倡议蕴含着的智慧与友谊。这些故事无不告诉我们：劳动的形式或许在不断变化，但劳动的精神却是永恒不变的。每一份工作，无论大小、轻重，都是实现自我价值、创造美好生活的途径。

通过阅读，我们要学会珍惜每一份劳动成果，它们都是我们生活中不可或缺的重要组成部分。让我们牢记这样的理念：世界上没有卑微的工作，只有卑微的工作态度。树立正确的劳动价值观，让每一份劳动都充满意义和尊严。

二十四节气的劳动内涵

二十四节气是十二个“中气”和十二个“节气”的总称，是中国古代劳动人民长期经验的积累和智慧的结晶，能反映季节的变化，

指导农事活动，影响着千家万户的衣食住行。于是民间有节令歌：“一月小寒接大寒，二月立春雨水连。惊蛰春分在三月，清明谷雨四月天。五月立夏和小满，六月芒种夏至还。七月小暑和大暑，立秋处暑八月天。九月白露接秋分，寒露霜降十月全。立冬小雪十一月，大雪冬至到新年。”

节气由来

在黄河流域的土地上，古人的智慧如同河水的流淌，静静地诉说着二十四节气的奥秘。这些节气，不仅是劳动人民长期经验的积累成果，更是智慧的结晶，它们就如时间的刻度，标记着大自然的节奏。早在春秋时期，劳动人民就开始观察并定出了仲春、仲夏、仲秋和仲冬四个节气，这是他们对自然规律的初步认识。随着时间的推移，人们不断地改进与完善，到了秦汉年间，二十四节气体系已经完全确立，成为一部精确的时间指南。

公元前104年，汉武帝下令推行新历法《太初历》。《太初历》第一次将二十四节气编入历法，明确了它们在天文中的位置。太阳从黄经零度起，沿黄经每运行15度所经历的时日称为“一个节气”。每年运行360度，共经历24个节气，每月2个。其中每月第一个节气被称为“节气”，如立春、惊蛰、清明等；每月的第二个节气则被称为“中气”，如雨水、春分、谷雨等。

“节气”和“中气”交替出现，各历时15天。现在，人们把“节气”和“中气”统称为“节气”。二十四节气不仅反映了太阳的周年运动，还在现行的公历中有大致固定的日期，上半年通常在6日、21日附近，下半年通常在8日、23日附近，前后相差不过1~2天。

这些节气的确立，反映了劳动人民对大自然的深刻理解和尊重，它们成为人们生活和民俗的一部分，影响着人们的农事活动、饮食起居，乃至情感与信仰。

简单阐述一下二十四节气的由来，说一说这其中所蕴含的劳动智慧。

农耕产物

二十四节气是古代农耕文明的产物，它与农耕生产紧密相连，与地理气候资源息息相关。优越的地理气候资源是农耕文明诞生的重要条件。我国位于亚欧大陆东部和太平洋的西岸，拥有巨大的海陆热力性质差异，从而形成了世界上最为典型的季风气候。季风气候是大陆性气候与海洋性气候的混合类型，冬季受来自内陆的干冷气流影响，天气寒冷、干燥少雨；夏季受来自海洋的暖湿气流影响，高温、潮湿多雨。高温期与多雨期一致，使得水热搭配良好，对农作物的生长十分有利。

黄河中下游地区的降水主要集中在夏季，表现为“雨热同期”的气候特征。该地区夏季具有光照充足、高温、降水丰沛的优越气候条件，适宜农作物生长。这里诞生了农耕文明，是我国最早进入农耕文明的区域，二十四节气也起源于此。

探究与思考

为什么说二十四节气是古代农耕文明的产物？它与农耕生产有怎样的紧密联系？

在时间的流转中，二十四节气逐渐融入了我国的农历，成为农历的重要组成部分。它不仅是一个时间标记，更是农耕文明的象征，是古人智慧与自然和谐共生的见证。

二十四节气不但能在农事耕作中让农民根据不同的气候和地理条件进行农事活动，同时也承载着深厚的文化内涵，例如端午节、中秋节、春节等传统节日都与节气有一定关联。节气也影响着人们的生活习俗，如食物选择、活动参与等，这些都充分展现了人们对人与自然和谐相处的哲学思考和对自然规律的深刻理解。

探究与思考

二十四节气里包含了哪些科学依据？在科技并不发达的古代，人们为什么能创造出这样具有科学含量的劳动成果？

故事点评

在千姿百态的劳动世界中，各种劳动形态随着社会的发展而不断涌现。二十四节气就是劳动人民在生产劳动中创造出的饱含社会价值的成果。这一历经漫长岁月沉淀下来的智慧结晶，蕴含着对自然界万物生长规律的敬畏之心与仁爱之情。二十四节气，正是自然界韵律与劳动人民智慧完美结合的典范，其产生过程闪耀着劳动与生命交织的光辉。

大火烧出来的奇宝

景泰蓝，中国著名特种金属工艺品类之一。景泰蓝又名掐丝珐琅，是一种在铜质的胎型上，用柔软的扁铜丝，掐成各种花纹焊上，然后把釉质的色釉填充在花纹内烧制而成的器物。

皇帝的圣旨

相传，在元朝初年的京城皇宫，一场突如其来的大火吞噬了宫殿，将摆满奇珍异宝的宝殿化为灰烬，皇帝龙颜震怒。怒气渐渐平息后，皇帝召集了一群宫女太监，让他们在灰烬中仔细筛选，寻找残存的宝贝。皇帝亲自监督，目光锐利，不肯放过任何一个细节。

突然，一个太监小心翼翼地捧起了一只瓶子，接着另一个太监也捧来了一个小罐。皇帝的眼睛一亮，紧锁的眉头顿时舒展开来。他好奇地问身边的侍臣，他们也纷纷表示从未见过这样的宝贝。

这两件宝贝色彩斑斓，光彩夺目。皇帝爱不释手，立刻下旨，命令京城的手工艺匠人们限期三个月仿造出这样的瓶子和罐子。如果无法完成，他们将面临严厉的惩罚。

皇帝的圣旨下达后，京城内手工艺作坊的工匠们忙得不可开交。他们围着这两件奇宝，翻来覆去地研究，试图揭开它们的制作之谜。他们发现，这两件宝贝的胎是用金银制成的，外面裹着一层瓷釉，瓷釉中还缠绕着金丝。这样的工艺如此精致，让他们百思不得其解。

“白急”是什么？

满京城的工匠们面对这个艰巨的任务，个个绞尽脑汁，各有各的点子。有的工匠用铜或铁弯成圆圈，小心翼翼地抠出胎型；有的则在胎型上绕上金银丝，希望它们能紧紧粘连。然而，无论他们如何努力，胎型和金银丝始终无法完美结合。至于那绚丽的彩釉是如何烧结的，他们更是束手无策，一筹莫展。

日子一天天过去，工匠们急得满头大汗，眼冒金星，心里像是压着一块大石头，憋闷得难受。

就在他们几乎要放弃的时候，一天夜里，一位经验丰富的老工匠坐在工作台前，双眉紧锁，全神贯注地研究着瓶罐。他目不转睛地盯着瓶罐，突然，瓶罐发出五彩斑斓的光芒，开始旋转起来，越转越快，形成了一个美丽的旋涡。

就在这旋涡的中心，一个头戴珠翠、身披彩衫、脚踏祥云的美丽仙女出现了。她的出现如同梦境，她的声音抑扬顿挫，仿佛能穿透人心。仙女说："宝瓶如花放光彩，全凭巧手把花栽，不得白急花不开，不经八卦蝶难来，不受水浸石磨苦，哪能留得春常在。"老工匠听了仙女的话，一时弄不明白是什么意思，想问问，却张不开口，说不出话来，眼看着仙女一闪身就不见了。他心急如焚，迈腿就追，只听见"哗啦"一声，他把身边的瓶罐撞倒了，吓出一身冷汗。他睁开朦胧的双眼，才明白原来刚才做了一个梦。这梦做得可真蹊跷，他赶忙把身边的几个工匠喊来，把梦中遇到的事讲给大伙儿听。大伙儿听了都觉得挺奇怪，于是，你一言我一语地议论开了。这个说："那头两句说的，是夸这瓶罐好呗！可后几句是什么意思呀？"一个机灵的小伙子抢着说："仙女说得'不得白急花不开'，这话很明显，是让咱们得有'白急'，这'白急'是什么呀！"

探究与思考

工匠们为什么犯难？你认为老工匠梦境中仙女说的几句诗包含一些什么信息？

宝瓶终于制作出来了

老工匠感觉一道闪电划过脑海："啊，我明白了！这说的是中草药'白及’吧！”另一个老工匠立刻明白了他的意思，补充道：“没错，白及泡在水里就像糨糊一样，我们以前就用它来粘东西。为什么不试试用它来粘接胎上的金丝呢?”

另一个工匠陷入了沉思，说：“那‘不经八卦蝶难来’又是什么意思呢?”他停顿了一下，若有所悟地说：“是不是说，那些宝瓶上五颜六色的釉彩，就像彩蝶一样纷飞?”他眼睛一亮，接着说：“莫非，就像太上老君用八卦炉炼仙丹的方法，炼出彩釉，再烧结到金丝上?”

老工匠摸着胡子，频频点头，似乎对这个想法越来越有兴趣：“皇宫的那场大火，不就是把宫殿里的各种宝石金银都熔在一起了吗？这些宝贝瓶罐说不定就是这么烧出来的！”

他们继续讨论，最后得出了结论：“那水浸石磨，就是让我们在烧结之后，还要像琢玉一样，把瓶罐经过磨砺才会大放光彩！”

于是，工匠们紧张地搭起了炉子，找来了石头和金银铜铁锡的粉末放进去。经过七七四十九个时辰的冶炼，他们真的熔炼出了晶莹的七彩釉色。白及将丝和胎牢牢地粘接在一起，宝瓶终于制作成功了！

宫廷艺术“奇宝烧”

从那以后，凭借着工匠们那灵巧的双手和智慧的头脑，北京出现了一种前所未有的珐琅彩釉金银丝瓶。然而，在那个时代，不管制作多少，这些工艺品全都归属于皇宫，因此人们便称它为“宫廷艺术”。因为这些珍品是皇宫一场大火的产物，人们便将其称为“奇宝烧”。到了明朝景泰年间，皇帝特别喜爱这种工艺品，因此下旨大量制作，工艺水平迅速提升。因产品大多以孔雀蓝色为主，人们就把这种工艺品称为“景泰蓝”。

探究与思考

请说一说，宝瓶制作包含了哪些工艺？这些工艺里包含了哪些劳动？工匠们不断探索的精神体现了劳动者的什么品质？

清朝末年，北京的景泰蓝在国际上逐渐声名远扬。1904年，在美国芝加哥举办的世界博览会上，景泰蓝荣获了一等奖。中华人民共和国成立后，景泰蓝的名声更是响彻五洲四海，受到了各国人民的喜爱和赞誉。

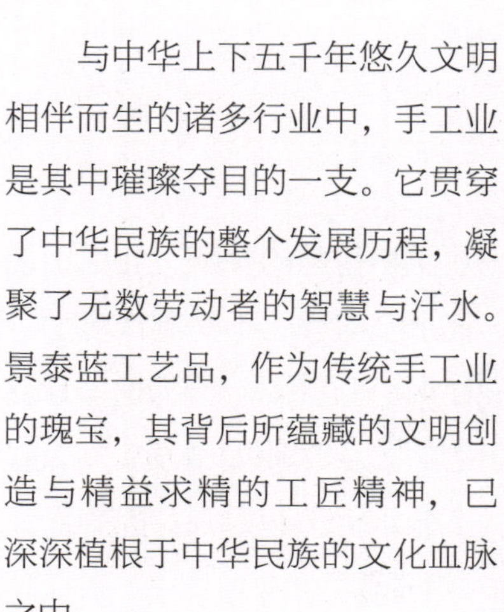

故事点评

与中华上下五千年悠久文明相伴而生的诸多行业中，手工业是其中璀璨夺目的一支。它贯穿了中华民族的整个发展历程，凝聚了无数劳动者的智慧与汗水。景泰蓝工艺品，作为传统手工业的瑰宝，其背后所蕴藏的文明创造与精益求精的工匠精神，已深深植根于中华民族的文化血脉之中。

传统手工业不仅具备独特的个性特质，还蕴含着丰富的文化底蕴。在这个领域内，无数的工匠肩负着将中华优秀传统文化进行创造性转化与创新性发展的重要使命。他们凭借自己的卓越智慧与不懈努力，不仅传承了文化的精髓，更在传承中赋予了文化新的生命力，展现了文化传承与文化创新并重的辉煌篇章。

工艺精湛，同修仁德

北京同仁堂是中药行业著名的老字号，创建于清康熙八年（1669 年），自雍正元年（1723 年）正式供奉清皇宫御药房用药。历

代同仁堂人恪守“炮制虽繁必不敢省人工，品味虽贵必不敢减物力”的传统古训，树立“修合无人见，存心有天知”的自律意识，确保了同仁堂金字招牌的长盛不衰。2006 年，同仁堂中医药文化被列入中国第一批国家级非物质文化遗产代表性项目名录。

同仁堂的传统工艺

清朝康熙初年，浙东宁波府慈水一带，乐氏家族以医术精湛而闻名，其中一位传奇人物乐显扬，后来被誉为“大清药王”。他在北京创立了同仁堂，这个名字蕴含着“同修仁德，济世养生”的深意，体现了儒家“天下为公”的思想，又蕴含了《尔雅》关于“义”“正”的道德要求。

探究与思考

同仁堂名字的由来是什么？请简单阐述。

同仁堂自创立以来，名声不仅盛极一时，而且历经数代不衰，其声誉延续了 300 年之久。它不仅传播在人们的口耳之间，更是频繁出现在文人墨客的笔端，成为中国药业史上的一段传奇。同仁堂的中药炮制工艺，更是达到了炉火纯青的地步。

同仁堂的制药宗旨是“炮制虽繁必不敢省人工，品味虽贵必不敢减物力”，这一堂训体现了他们对药品质量的高度重视。中药炮制是指加工处理中药材的方法和技术。在《中华人民共和国药典》中，炮制按“净制、切制、炮炙、其他”分类。

在同仁堂，制药工人们进行着一系列繁复而细致的操作：挑选、筛选、簸扬、制刷、刮挖、颠摇、劈制、敲除、碾串、剪除、洗漂、制霜、火燎、沸水、水飞。每一道工序都是对工人技术和耐心的考验。他们的双手，在长期的劳作中变得粗糙，他们的工作却让药材变得更加纯净，药效更加显著。

探究与思考

查询资料，讲述每步操作工序中包含哪些劳动？体现了工人怎样的劳动品质？

同仁堂的制药工艺，不仅是对传统中药文化的传承，更是对工匠精神的最好诠释。在这里，每一味药材都经过了精心的处理，每一粒药丸都蕴含着制药工人的辛勤与智慧。

同仁堂的仁德与济世

同仁堂自创立之初，便以“同修仁德，济世养生”为宗旨，将这份初心化为行动，传承中医药文化数百年，历经风霜，矢志不渝。

“修合无人见，存心有天知”是中医药行业普遍遵循的传统规则，更是历代同仁堂人的自律准则。这句话的字面意思是：在没有监管、他人不知情的情况下，在中成药炮制的过程中依然要凭良心，自觉做到药材地道、斤两足称、制作遵法。

探究与思考

你如何理解同仁堂的道德自律和行为准则？搜集资料，说一说同仁堂还有哪些文化理念。

“但愿世间人无病，哪怕架上药生尘”是同治年间一位学者写给同仁堂的一副对联，盛赞同仁堂济世养生的高尚医药道德与情怀。其字面意思是：即使摆在自家药架上的药卖不出去，蒙上一层尘土，也不愿意看到百姓生病，而自家生意兴隆。这是仁者爱人、仁爱思想和“以义为上”“重义轻利”的义利观的生动体现，也是“仁”“德”“善”美德的有机结合。

仁德与济世，如同同仁堂辉煌生命中的永恒血脉，流淌在每一味药材、每一剂良方中。

故事点评

老字号的品牌之所以能保持良好的口碑，是因为它们始终保持着良好的工作风貌和文化传承。“义”“正”的道德要求，是医者仁心与匠心形成的基础。精细的制药工艺凝聚着无数制药工人的劳动付出，而同仁堂“同修仁德，济世养生”的博大情怀，最终也体现在为国家做贡献的高尚情操中。

民间工艺美术大师的传承与创新

库淑兰（1920—2004），陕西旬邑县人，中国民间剪纸艺术的杰出代表人物之一，中国民间工艺美术大师，被誉为“剪花娘子”。她将传统剪纸艺术与现代审美相结合，创作出的剪纸作品在国内外享有盛誉，被联合国教科文组织授予“民间工艺美术大师”称号。

目前，以库淑兰为代表的旬邑彩贴剪纸已被列入国家级非物质文化遗产代表性项目名录。

蕙质兰心“剪花娘子”

库淑兰 1920 年出生于陕西省旬邑县。她 10 岁上学，15 岁便辍学在家，跟随母亲学习女红和剪纸等民间技艺。

幼年时的库淑兰喜欢跑到附近的城隍庙，静静地欣赏锦帷、绣片和彩绘壁画等，沉浸在古老的故事中，悠久深厚的传统文化就这样悄无声息地在库淑兰心里扎根。

每当村里有婚丧嫁娶，库淑兰都会赶去帮忙，在她看来，这些都是她乐于参与的活动。贴窗花、剪喜字，库淑兰的剪纸技艺在村里如果说是第二，就没人敢说第一。她总是能用最简单的工具，创作出最精美的作品，节庆时让整个村子都充满喜庆的气氛。

探究与思考

库淑兰在帮人贴窗花、剪喜字的过程中，收获了什么？在库淑兰的剪纸过程中，凝聚着怎样的创造性劳动？

成年结婚后的库淑兰是村里最能干的女人之一，平常除了下地干活，她还上山采草药，农闲时候养兔子，但令她内心充满希望的，还是她一直热爱的剪纸。

库淑兰的剪纸技艺逐渐闻名遐迩，人们纷纷前来求教。她也不吝啬自己的技艺，总是耐心地教导他人，让更多的人了解和传承这份传统手艺。在她的影响下，本村的剪纸技艺得到了更好的传承和发展，成为当地的一张文化名片。

民间工艺美术大师的创作

库淑兰手中的剪刀仿佛被赋予了魔法，剪出了丰富多彩的世界。她的作品不仅仅有传统剪纸的延续，更有大胆的创新。她改变了单色的剪纸传统，创造出了色彩斑斓、立体感十足的剪纸作品，这些作品让人联想到抽象艺术的魅力。库淑兰的名声在十里八乡传开，她成了一名受人尊敬的剪纸大师。

村里的人们对她敬重有加，大小民俗事务场合都离不开她的身影。随着库淑兰的名气越来越大，县文化馆得知她的才华，邀请她进行剪纸创作。这是库淑兰生平第一次使用整张纸进行创作，她的娴熟技艺和惊人的创作能力让在场的所有人惊叹不已。

库淑兰的创作过程同样令人称奇，她从不打草稿，信手剪来，随手贴上。她的作品构图饱满，人物造型朴实，色彩运用既丰富又统一。这一切都源自她长年不断地创作练习，她的每一刀每一剪都凝聚着她对艺术的热爱和对细节的极致追求。

探究与思考

库淑兰是通过什么获得人们尊重的？她是怎样做到剪纸能信手剪来，随手贴上的？

库淑兰有着出众的想象力，她用剪纸将她简陋的窑洞装扮得五彩缤纷，她创作的各种关于爱情、亲情等题材的剪纸作品寄托了她对美好生活的向往。她所住的窑洞俨然是一个微型的“莫高窟”。

一家出版社专门找到了库淑兰，出版了她所有的作品。她的作品很快被法国、美国、德国以及一些东南亚国家收藏，旬邑彩贴剪纸还被列入国家级非物质文化遗产代表性项目名录。

1996 年，库淑兰被联合国教科文组织授予“民间工艺美术大师”称号。她是中国民间艺术家中的佼佼者，是中国妇女的骄傲。在中华传统文化长河中，她对中华传统文化传承做出的贡献，已远超过艺术本身。

探究与思考

库淑兰对中华传统文化的传承做出了怎样的贡献？

故事点评

传统技艺，无不凝聚着劳动者的勤劳与智慧。库淑兰，这位朴实的劳动者，热爱生活，用她独特的剪纸技艺，创造出了绚烂美丽的剪纸艺术世界。虽然她已离世，但她的剪纸作品依然熠熠生辉，永不褪色。她源自心灵深处的艺术，深深触动着人们的心灵，令人由衷叹服。

越勤劳越幸运的家政人

家政，指家庭事务的管理工作，如有关家庭生活中烹调、缝纫、编织及养育婴幼儿等。现在我们所说的家政服务员，是从事家务料理、家庭成员照护、家庭事务管理等工作的人员。主要包含母婴护理员、整理收纳师、家庭服务员、家庭照护员等工种。

您有新订单请及时处理

随着时代的进步，我们身边出现了一群特别的劳动者，他们将家务劳动变成了一种可以外包的事务，他们为人们的家庭生活带来了舒适、和谐与美满。他们就是家政服务工作者，这个时代新型劳动形式的代表之一。

很多人可能会认为家政服务工作很简单，但事实上它不仅需要专业技术和知识，还需要较高的职业素养。让我们跟随家政服务员徐阿姨，看看她的一天是如何工作的。

“您有新订单请及时处理！”徐阿姨的手机响起，她迅速按下“接单”键，与下单的用户进行简短的电话沟通。准备好工具箱后，她立刻出门了。

按照约定，徐阿姨准时到达客户的家。她先与客户交谈，了解具体需求后，便开始了自己的工作：她打扫厨房、拖地、移动沙发、清理墙面和门窗……这些看似简单的工作，其实并不容易。比如拖地，徐阿姨要用两个拖把，第一个用来拖去灰尘，第二个用来拖去水渍，这样地板才算真正干净。她还要将拖把头放在温水中泡 10 分钟，用洗衣粉清洗干净后晾干。在不到 100 平方米的房间里，光是拖地就需要 45 分钟。

徐阿姨非常仔细和耐心，从椅子腿、桌子下的死角到墙脚线，甚至墙上的开关板，她都仔细擦拭。她说：“做家政服务，如果心里有活儿，就有做不完的活儿。”这一单下来，徐阿姨要使用 5 块抹布，清理 100 多个物件。

探究与思考

你怎样看待家务劳动？从徐阿姨的故事中，你能够看出家务劳动的价值体现在哪些方面？

享受那份劳动的成就感

在徐阿姨完成所有清洁工作、准备离开客户家时，客户突然伸出手，想要与她握手表示感谢。徐阿姨犹豫了一下，随即露出灿烂的笑容，伸出双手回应。她深知，自己的双手平日里不是浸泡在清洁剂中，就是忙碌于琐碎的家务中，而当这双手与客户的手紧紧相握时，一股被尊重和被认同的暖流涌上心头。她明白，自己的努力是值得的。

客户说："最初尝试使用家政服务网络平台时，我是抱着试试看的心态，没想到能找到这么负责任的阿姨，以后我家就靠你了。"徐阿姨听了这话，心中满是欢喜，连连道谢。

徐阿姨一天至少接两单，忙碌时甚至一天接 5 单，早出晚归。她说："有单子就想接，想着多干点儿。"她的笑容朴实而自信。

随着订单的增多，徐阿姨与客户的沟通更加顺畅，工作也更加顺心。有时，她完成订单回到家后，网络平台的客服还会告诉她，客户对她的服务给予了高度评价，有人甚至为她送上了锦旗。这让徐阿姨感到无比高兴，深深感受到劳动后的成就感和喜悦。

探究与思考

徐阿姨的劳动成就感来源于什么？

故事点评

随着时代的发展，社会需求变得更加多元化，婴幼儿护理、老人和病人护理、家庭保洁、宠物照顾、花草照顾等多种服务逐渐进入市场。家政服务员，已经成为社会新兴并快速发展的重要职业，也是劳动发展的一种新形态。众多像徐阿姨这样的勤劳朴实、认真负责的劳动者正在得到社会的认可。他们凭借自己的劳动不仅为他人创造了更美好的生活，也为自己赢得了尊重和回报。

中医药给世界的一份礼物

屠呦呦（1930— ），浙江宁波人，“共和国勋章”获得者，首位以中国本土科学研究工作获得诺贝尔科学奖的中国科学家。她多年从事中药和中西药结合研究，发现新型抗疟药青蒿素和双氢青蒿素，挽救了全球特别是发展中国家数百万人的生命。

呦呦鹿鸣，食野之苹

在数十年的岁月里，屠呦呦倾注了全部的热情和智慧，反复实验，探索着科学的奥秘。手中的青蒿，在她的努力下，成了“中国神草”，挽救了数百万人的生命。

2015年，屠呦呦因“有关疟疾新疗法的发现”获得诺贝尔生理学或医学奖，成为首位以中国本土科学研究工作获得诺贝尔科学奖的中国科学家。

她站在世界的舞台上，用坚定的声音向世界宣告：“我报告的题目是：青蒿素——中医药给世界的一份礼物。”屠呦呦在获奖报告演讲中说：“诺贝尔奖基金会授予我2015年生理学或医学奖。这不仅是授予我个人的荣誉，也是对全体中国科学家团队的嘉奖和鼓励。”“团队精神，无私合作加速科学发现转化成有效药物。”“中国医药学是一个伟大宝库，应当努力发掘，加以提高。”她的成就，不仅是中国科学界的骄傲，更是对全世界人民的一份慷慨馈赠。

探究与思考

屠呦呦的获奖演讲给你什么启示？请思考人应该如何把自己的价值体现到极致。

“呦呦鹿鸣，食野之苹”，这句出自《诗经·小雅》的名句，寄托了屠呦呦父母对她的美好期待。作为一名药学专业学生，屠呦呦在考入北京大学医学院时，就与植物等天然药物的研发应用结下了不解之缘。从1955年进入卫生部中医研究院（现为中国中医科学院）以来，她几十年如一日，埋首于深爱的事业中，将一份份漂亮的成绩单回馈给党和人民。

代号“523”

屠呦呦刚入职时，中医研究院正处于初创期，条件艰苦，设备匮乏。由于缺乏通风设备，又接触大量有机溶剂，导致她和一些科研人员的身体健康受到了影响。除了在实验室内“摇瓶子”外，她还经常“一头汗两腿泥”地去野外采集样本，先后解决了中药半边莲及银柴胡的品种混乱问题，为防治血吸虫病做出了贡献；结合历代古籍和各省经验，她完成了《中药炮炙经验集成》的主要编著工作。

1967年5月23日，我国紧急启动了“疟疾防治药物研究工作协作”项目，代号为“523”。这一行动的背后，是全球抗疟药物的困境——恶性疟原虫对氯喹等传统药物产生了抗药性，寻找新药迫在眉睫。

1969年，中国中医研究院（现中国中医科学院）中药研究所参加全国“523”抗击疟疾研究项目。屠呦呦被指令负责并组建“523”项目课题组，承担抗疟中药的研发。面对简陋的设施和有限的资源，她要在短时间内从几千种中草药中筛选出有效的成分，这无疑是一项巨大的挑战。然而，这些看似不可逾越的障碍却激发了屠呦呦的斗志。她收集整理历代中医药典籍，走访名老中医并收集他们用于防治疟疾的方剂和中药、同时调阅大量民间方药。在汇集了包括植物、动物、矿物等2 000余种内服、外用方药的基础上，编写了以640种中药为主的《疟疾单验方集》。

然而，青蒿在最初的动物实验中效果并不理想，屠呦呦的研究一度陷入僵局。但她的坚持和智慧帮助她最终找到了突破口。她再次转向古老的中国智慧，仔细研读经典医籍。在东晋葛洪的《肘后备急方》中，她发现了关键的线索："青蒿一握，以水二升渍，绞取汁，尽服之。"她意识到可能是提取过程中的高温破坏了青蒿中的有效成分。于是，她尝试使用低沸点的溶剂进行提取，终于找到了解决难题的方法。

探究与思考

你如何看待中医药文化？请列举还有哪些对我们今天有巨大帮助的宝贵中华传统文化遗产？谈一谈你的看法。

大爱在左，奉献在右

1971 年 10 月 4 日，一双双眼睛紧张地盯着 191 号青蒿提取物样品抗疟实验的最终结果。随着检测结果的揭晓，整个实验室都沸腾了：该样品对疟原虫的抑制率达到了 100%。

经历了 190 次实验失败，屠呦呦和课题组的同事们终于在第 191 次低沸点实验中发现了抗疟效果为 100% 的青蒿提取物。

探究与思考

你如何看待屠呦呦课题组所经历的 191 次实验？结合自己的经历，你是否有做成一件事情的恒心？

只有确证安全性后才能用于临床。这时，屠呦呦和她的同事们又面临着一个重大问题：如何进行人体试验？为了尽快上临床，在动物安全性评价的基础上，屠呦呦和科研团队成员决定自己服用有效部位提取物，以确保临床病人的安全。

1972 年 7 月下旬的一天，北京东直门医院住进了 3 位特殊的“病人”，他们是屠呦呦和另外两名同事。他们冒着生命危险来当“小白鼠”，以身试药。一周的试药观察得到了让人惊喜的结果：没有发现这种有效部位提取物对人体有明显毒副作用。

屠呦呦成功了！她的这一发现挽救了数百万人的生命！

你还能列举出中外历史上哪些人有像屠呦呦一样以身试药的经历？青蒿素的发明，对全人类有什么意义？

青蒿，这种南北方都很常见的植物，郁郁葱葱地长在山野里，外表朴实无华，却内蕴治病救人的魔力。正是如青蒿一样的科学追梦人，他们怀揣着大爱，奉献着智慧，随时播种、随时开花，将生命旅途点缀得花香弥漫，绿意盎然，让不同地域、种族的人一起享受现代科技的芬芳。

故事点评

科学家们的劳动智慧影响着全人类。青蒿素挽救了全球范围，特别是广大发展中国家数以百万计疟疾患者的生命，向世界展示了中医药学的伟大魅力。对于获得诺贝尔生理学或医学奖，屠呦呦却说，成绩是属于研究团队的。她这种淡泊名利、坚持不懈、勤奋付出的品质令人肃然起敬。

用丝绸包裹种子，带去非洲

杨华德（1964— ），四川内江人，水稻专家、中国援布隆迪高级农业专家组组长，感动中国2023年度人物。他与他的团队自2015年起，致力于为布隆迪实现粮食安全、农民脱贫增收、农业可持续发展做出贡献。

从一颗种子到一片金黄的海洋

2015年底，杨华德主动申请加入中国援布隆迪第三期高级农业专家组，并出任组长。随后，两次主动申请延长援助布隆迪时间。

截至2024年4月，在布隆迪近9年的时间里，杨华德带领专家组大力

推广杂交水稻品种和种植技术。在布隆迪的田野之上，杨华德，这位来自四川内江的中国水稻专家，如同一名普通的农民，汗流浃背，精耕细作。他的皮肤在非洲的烈日下变得黝黑，但他的眼中却始终闪烁着坚定的光芒。他头顶烈日，脚下是滚烫的土地，每一次弯腰都是对自然的敬畏，每一次挥锄都是对生命的呵护。他的衣衫被汗水湿透，贴在身上，他的步伐坚定，不曾停歇。

从一颗种子到一片金黄的海洋，从一次尝试到一项蓬勃发展的产业，这是一段黄皮肤与黑皮肤共同书写的传奇。中国汉子的坚韧不拔，在非洲兄弟的心中埋下了人类命运共同体的深刻理念。稻浪翻滚，如同海浪般延绵不绝，情感的长路，也随着稻浪延伸至远方。

在杨华德的指导帮助下，2017 年到 2022 年，布隆迪的水稻亩（1 亩≈666.67 平方米）产量由 300 多斤（1 斤 =0.5 千克）增至 1 300 多斤、总产量由 5 万多吨增加至 25 万吨左右，是非洲水稻增产速度最快的国家。

作为水稻专家，杨华德是如何帮助非洲人民种植杂交水稻的？

“一带一路”上的友谊与智慧

2024 年，这位年逾花甲的水稻专家，办理了延迟退休手续，主动申请再延长援助布隆迪时间。11 年来，他辛勤耕耘，为“一带一路”倡议浇灌着友谊与智慧的种子，在这片非洲的大地上播撒希望。他带来的不仅仅是稻种，更是中国人民深厚的情感与友谊。

布隆迪，一个被赤道阳光拥抱的小国，人口如星河般繁多，其中大部分是农业人口。然而，农业增长受到各种制约因素的限制。耕地地块面积小，部分土地退化，农民主要依赖传统低效技术进行耕种，农业生产力低下困扰着农业发展。

杨华德和专家组第一次踏上这片土地时，他们没有急于行动，而是深入田野，俯身倾听大地的脉动。根据当地的气候、土壤等特点，在反复试验后，杨华德主持研发了布隆迪历史上首个杂交水稻品种，亲自编写了布隆迪首个杂交水稻种植指南。

杨华德和专家组为布隆迪带来了旱育秧的技术，让稻苗在干旱的土地上也能茁壮成长；传授了科学施肥的智慧，让每一粒肥料都能精准地滋养稻谷，催生出金黄的丰收。

布隆迪的土地有怎样的特点？杨华德和他的团队带去了什么样的技术？

就这样，他们以匠心和智慧，一点一滴地改变了布隆迪稻田的命运，水稻的产量节节攀升，最终在收获的季节达到了令人惊叹的水平。这不仅是一场关于粮食的变革，更是一次生命的礼赞，是对这片非洲大地最深沉的敬意和呵护。

授人以鱼，更授人以渔

他们不仅授人以鱼，更是授人以渔。杨华德和同事们还为布隆迪培养了一批杂交水稻种植专家，培训了近 10 万的布隆迪农户。

逐渐地，布隆迪本土的种子萌发成长，非洲学生们的眼睛里闪烁着求知的火花，农民的双手被赋予了更高的耕种技艺。他们共同织就了一幅自我发展的壮丽画卷，引领着村庄一步步踏出贫困的泥沼，走向富裕的绿洲。杨华德团队的汗水与智慧，如同春雨滋润大地，让布隆迪的土地焕发出勃勃生机。2022 年 5 月，布隆迪总统亲自为杨华德颁发荣誉证书，以表彰其为布隆迪农业发展做出的突出贡献。

2024 年 4 月，杨华德的名字，如同夜空中最亮的星，被永久镌刻在“感动中国 2023 年度人物”的荣耀墙上。杨华德和专家组以他们非凡的行动，传承着中华美好的劳动品质，引领着时代的风潮，践行着社会主义核心价值观。

探究与思考

找找你身边乐于助人的同学，并为他们写感动班级人物的颁奖词。

故事点评

杨华德和专家组的故事，不仅深刻诠释了“一带一路”倡议的核心精神，更是中国致力于通过国际合作与交流，推动全球共同繁荣发展的生动例证。在布隆迪的艰苦环境中，他们不懈钻研，积极培育本土品种和本土农业人才，展现了中华民族坚韧不拔的劳动品质和无私奉献的精神。他们的行动，不仅为当地的农业生产带来了实质性的改变，更在人与人之间、心与心之间，搭建起了一座理解和互助的桥梁，传递着和平与发展的时代强音。

第四单元

用宝贵的劳动品质赢得美丽梦想

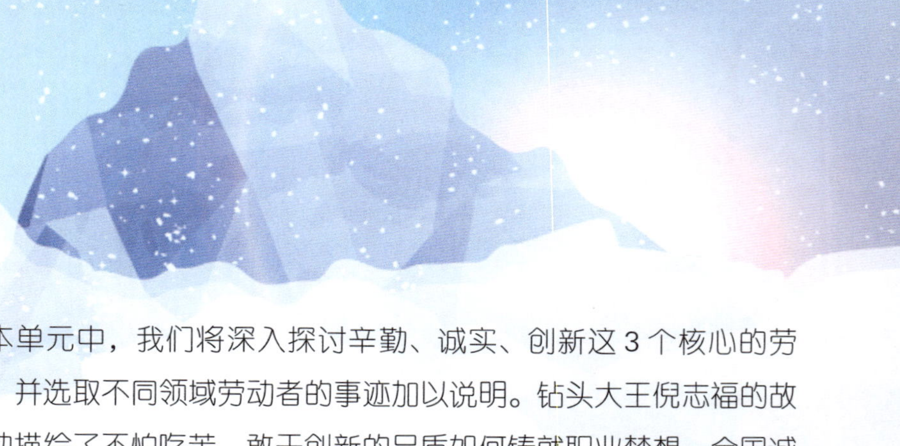

在本单元中，我们将深入探讨辛勤、诚实、创新这 3 个核心的劳动品质，并选取不同领域劳动者的事迹加以说明。钻头大王倪志福的故事，生动描绘了不怕吃苦、敢于创新的品质如何铸就职业梦想。全国诚信之星李江福的故事，展示了如何用诚实的品质锻造自己的人生名片，并赢得人们的尊重。人民科学家“糖丸爷爷”顾方舟的故事，呈现了创造性劳动品质与医学梦想的紧密联系。“中国天眼之父”南仁东，凭借不怕苦、敢争先的毅力，跨越平庸，为国家做出了巨大的贡献。黔岭扶贫英雄姜仕坤，用尽自己的心力，换来了扶贫地区翻天覆地的变化，体现了党员干部的劳动品质与社会责任。一对夫妻用一生来完成守岛承诺的故事，是对爱情与劳动品质的完美诠释。工程师林鸣带领团队，凭借勇于探索、勇于创新的精神，挑战桥梁界的巅峰。

在阅读这些故事的过程中，我们会深刻领悟到幸福不会从天而降，梦想不会自动成真。我们会更加明白，在追求美好生活的过程中，只有具备了这些优秀的劳动品质，才能让劳动之花绽放得更加艳丽多彩；只有这样，我们才能实现自身价值，赢得他人的尊重，成为真正有尊严的劳动者。

钻头上的革新之路

倪志福（1933—2013），上海人。1953 年，他发明了三尖七刃麻花钻，即“倪志福钻头”，显著提升了钻头的性能和寿命，引发国内外关注。1959 年倪志福出席全国群英会，被授予“全国先进生产者”称号，1965 年获得国家科委颁发的“倪志福钻头”发明证书。1985 年，他参与创立中国发明协会，1986 年荣获联合国世界知识产权组织颁发的金质奖章和证书。2001 年，“倪志福钻头”获得国家专利。

童工的梦想

1933 年的上海，是一个繁华与喧嚣并存的都市，倪志福在这里降生了。当时，上海是全国较发达的地方，工业基础雄厚，吸引了大量外国企业在此设立分支机构。在上海美孚石油公司里，年仅 11 岁的倪志福就开始了他的童工生涯。那时，上海人普遍以能做一名外国铜匠为荣，因为外国铜匠通常对车、铣、刨、磨、钳、钻等技术样样精通，可以解决机器上发生的很多问题。外国铜匠的技术水平往往被视为机械行业的最高水平。

倪志福并不满足于成为一名普通的童工，他怀揣着对技术的热爱和对知识的渴望，不断努力提升自己。1950 年，倪志福顺利进入上海德泰模型厂，当了一名学徒工。后经过在上海青工政治学习班的学习，倪志福转入上海第四机械制造训练班学习。

探究与思考

童工时代的倪志福有着怎样的梦想？后来，倪志福的命运发生了怎样的变化？

1953 年，倪志福被分配到北京永定机械厂当钳工。这年，车间接到一批高锰钢加工打眼任务。倪志福起初用普通麻花钻头打眼，但效率极低，一天竟烧坏了 12 支钻头。当时厂里正在推广苏联的席洛夫钻头，倪志福便也钻到热得像蒸笼的车间里，照葫芦画瓢，磨了一把席洛夫钻头。然而，新钻头刚打了一个眼就磨损了。

倪志福并未气馁，他拿着磨损的钻头，举在灯下翻过来倒过去地仔细观察，发现每个用过的钻头钻心部分外缘转角处都烧坏了。于是他开始琢磨：为什么每个钻头都是这些部位磨损呢？是不是这些地方的压力特别大，一个尖的面积小，承受不了？倒不如干脆把它们磨掉一点试试看。

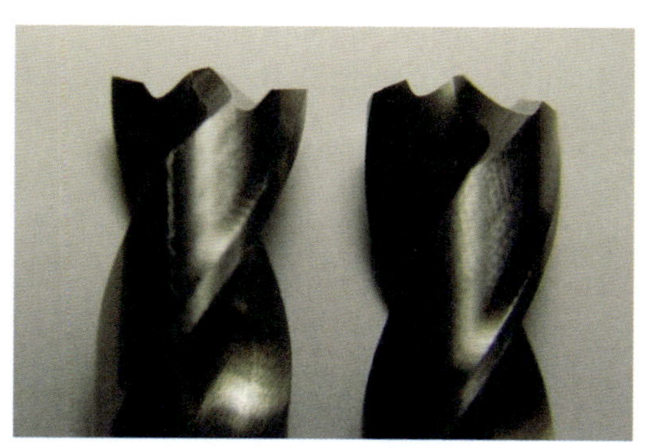

他立刻跑到砂轮边，把钻头上刚才被磨损的头部和两角都磨去，变成 3 个尖、7 个刃的形状，安在钻床上开动马达一试，眼看着钻头钻进坚硬的钢板，手扶的扶把也比以前轻快多了，一会儿工夫就打出一个又光又圆的眼，紧接着又顺利地打了几个眼。第二天清早，倪志福完全忘记了通宵干活的疲惫，急不可待地拿着自己新磨出来的钻头找到师傅和工友，引起轰动。倪志福一时成为人们传颂的新闻人物。

随后，在大家的帮助下，倪志福反复试验、多次改进，在实践中摸索出了钻头磨制规律，把新型钻头的几何形状定了下来。然而，新的问题又来了：倪志福发明的新型钻头，自己只知道好用，能提高生产效率，却摸不透这里包含着什么科学原理。

倪志福是如何自己摸索出了钻头磨制规律的？在他的身上有哪些优秀的劳动者的品质？你觉得在技能领域创新有何重要意义？

为了解决这个问题，工厂请来了本厂的工程技术人员和北京工业学院（现北京理工大学）等单位的科技人员，共同帮助他总结经验，并进行了大量试验，最终成功开发了适合不同材料特点的三尖七刃的系列钻型。

倪志福钻头

倪志福的钻头，经过科学验证和实践检验证明其远超国际通用的普通麻花钻头。它不仅定心准、钻速快、效率高，而且寿命大幅延长。这种“三尖七刃”钻头，以其独特的月牙弧槽设计，被誉为“倪志福钻头”，开辟了孔加工技术的新篇章，极大地提升了生产效率，成为机械工业的一次重大突破。1964 年，31 岁的倪志福在世界科学讨论会上，以朴实的风貌登上了国际讲台，他的论文《倪志福钻头》让整个会场沸腾了。这个小巧的钻头为中国赢得了荣誉，倪志福的论文被翻译成多种语言发表。

1965 年，倪志福在《机械工人》杂志上发表了“不是倪钻，是群钻”的声明。声明说：“倪志福钻头”最实事求是的名字应该为“群钻”，因为它是群众智慧的结晶。倪志福，这位钻头大王，最终让全世界都抬头仰望。

探究与思考

你的梦想是什么？你希望自己今后成为怎样的技能人才？你觉得自己今后在专业领域将会有怎样的发展？

故事点评

创造性劳动要求人们具备开放性思维和勇于挑战的实践精神，“钻头大王”倪志福无疑是这方面的佼佼者。倪志福的贡献不仅在于他的技术创新和对产业的推动，更在于他作为一位杰出的劳动者所展现出的精神和品格给社会带来的深远影响。他的故事不仅彰显了中国工人的智慧和力量，更是激励后人不断追求技术创新和践行卓越劳动的宝贵精神财富。

用诚信精心锻造人生名片

李江福（1963—　），河南林州人。他从事建筑业30多年来，恪守职业道德，严格遵守合同，认真履行承诺，他负责的工程项目没有拖欠过工人一分钱工资，也没有发生过一起质量纠纷。先后获得全国道德模范、全国劳动模范、全国诚信之星、全国建设系统劳动模范等荣誉称号。

在诚信的道路上虔诚地行走

在李江福的建筑企业里，工人们都熟知“南门立木”的故事，它象征着诚信的坚定原则。在企业的荣誉室里，一座座奖杯仿佛是捍卫诚信的代表，庄重而充满力量。多年来，在李江福的带领下，他们建造了1 000多栋楼房，

其中 160 多个项目荣获中国建筑工程鲁班奖、国家优质工程奖、中国优质样板工程等多项殊荣。

李江福的成功之道何在？那就是诚信。故事追溯到 1988 年夏天，李江福拥有一个稳定的“铁饭碗”，却因帮助亲戚以信用担保贷款 12 万元承接工程而面临困境。亲戚的退出让工程搁浅，而贷款却必须按时偿还。面对这笔巨额债务，25 岁的李江福毅然放弃了稳定的工作，成了一名“包工头”。他的勇敢和拼搏精神最终使他不仅按时完成了工程，还清偿了贷款。

2005 年，李江福在承建一所学院的行政办公楼时，发现填充墙体的砂浆标号不达标，他立即决定拆除重建。他说：“水泥没有生命，但它可以检验良心。”尽管工料损失 25 000 多元，但他的诚信和责任感为该工程赢得了河南省建设工程质量的最高奖——“中州杯”奖。

探究与思考

请查资料了解“南门立木”的故事。你如何理解“水泥没有生命，但它可以检验良心”这句话？

李江福凭借一次又一次的诚信行为，精心打造出自己的金字招牌，同时也为企业建立了坚实的信誉基石。

用品德和信义构建心灵的高地

20 世纪 60 年代，李江福出生在林州（原林县）的辛店村。他的父亲是红旗渠建设的一位见证者，李江福从小就沐浴在红旗渠精神的熏陶中，无论何时，红旗渠精神都是他前行的动力。80 年代，10 多万人离开太行山，到全国各地的建筑工地谋生。李江福也是从山里走出来的人，他深知老乡们打工的艰辛。他们离别妻子、背井离乡、省吃俭用，只为了过年能给老人、孩子买件新衣、交上学费。

李江福的坚持令人敬佩，30 多年来他始终坚守着“不拖欠农民工一分钱工资”的承诺。1998 年，为了在春节前给农民工发放工资，李江福从三门峡驱车连夜冒雪赶路。天黑路滑，汽车撞上山石，他摔得头破血流仍不放弃。他忍痛步行 20 多里买来防滑链，装到车轮上，历时两天两夜，终于在腊月二十八下午到达林州，按时将工资发给农民工。老乡们感动不已，纷纷表示明年还要跟着李江福一起奋斗。

2007 年，面对开发商拖欠工程款的危机，他卖掉新乡的房产，抵押郑州的房产，凑齐 130 多万元，确保了农民工的工资得以按时发放。

在他的精神感召下，他的企业涌现出 300 多名建筑业骨干，50 多位劳动模范、道德模范等先进典型。

故事点评

“诚者，天之道也；思诚者，人之道也。”诚信是中华民族的传统美德，也是建立良好人际关系和取得事业成功的根本；诚信是公民的第二张“身份证”；诚信是心灵圣洁的花朵。李江福，正是凭借着自己的艰苦奋斗和诚信的劳动品质，为自己的事业和人生润泽出不一样的精神意义。

一颗小糖丸，挽救几代中国人

顾方舟（1926—2019），医学科学家、病毒学家、医学教育家，“人民科学家”国家荣誉称号获得者。

顾方舟是我国脊髓灰质炎疫苗研发生产的拓荒者、科技攻关的先驱者、攻克脊灰方案的谋划者，引领我国脊灰病毒学、免疫学研究及减毒活疫苗的研发，为脊灰疫苗的研发生产、国家政策的制定、计划免疫的具体实施等做出了重要贡献。他研发的脊灰疫苗“糖丸”，护佑了几代中国人的生命健康，被称为“糖丸爷爷”。

请救救孩子们

在 1955 年的中国，一场可怕的疾病如同阴影般蔓延开来，它悄无声息地侵入孩子们脆弱的身体。一夜之间，无数天真无邪的小生命被迫承受着肢体变形、瘫痪甚至死亡的残酷命运。这种病叫作脊髓灰质炎，人们更熟悉它的另一个名字——小儿麻痹症。

疫苗研制迫在眉睫，我国当时每年有一两千万新生儿，早一天研究出疫苗，就能早一天挽救更多的孩子。

1957 年，顾方舟临危受命，开始了脊髓灰质炎研究工作。从此，与脊髓灰质炎打交道成了他毕生的事业。

当时，国际上对于疫苗的研究有“死”疫苗和“活”疫苗两种技术路线。死疫苗是一条相对成熟的道路，选择它意味着稳妥、风险较低。但它需要注射 3 针，每针费用几十元，而且过一段时间可能还要补打第 4 针。对于新生儿众多的中国来说，这是一项庞大的工程。活疫苗的成本仅是死疫苗的千分之一，但它是全新的尝试，药效和不良反应都是未知的。

在深思熟虑之后，顾方舟做出了决定：在中国消灭脊髓灰质炎，只能选择活疫苗这条道路。他选择了挑战，选择了未知，也选择了责任。因为他知道，只有这条路，才能让每一个中国孩子都有机会得到保护，免受这种疾病的侵害。

在昆明的远郊，顾方舟带领着他的团队与时间赛跑、与死神搏斗，建立起了医学生物学研究所。这里，将诞生一个守护无数中国儿童生命健康的疫苗实验室。顾方舟亲自动手，带人挖洞、建房，实验室在他的坚持和努力下从无到有，拔地而起。

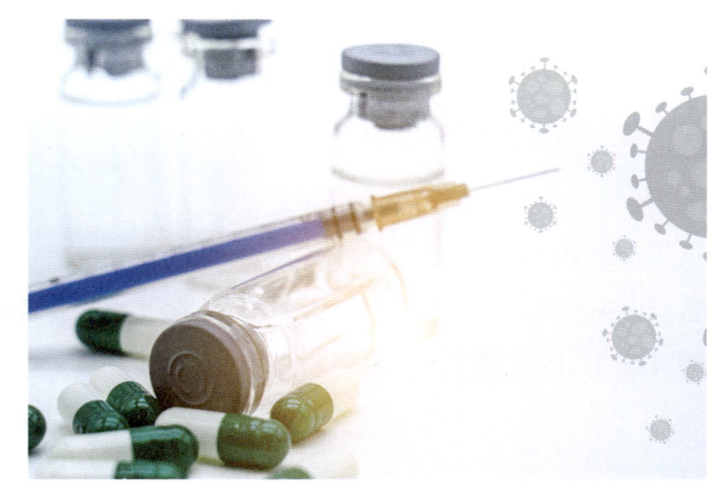

探究与思考

顾方舟克服万难做的这一件事对人类有着怎样的奉献？你还能举出哪些这样的劳动者？

自己试药，让自己的孩子试药

疫苗的研发进入关键阶段，三期试验的第一期需要在志愿者身上测试效果，这无疑是一次对未知的冒险。疫苗制成后，顾方舟和他的同事们毫不犹豫地将疫苗溶液一饮而尽。一周过去了，他们安然无恙。然而，成年人大多对脊灰病毒有免疫力，疫苗的真正受试者应该是孩子们。

面对这个难题，顾方舟将自己锁在屋内，苦思良久。他做出了一个在外人看来似乎“不近人情”的决定——让自己的孩子参加试验。他亲手将疫苗喂给了儿子。顾方舟说：“我不让自己的孩子喝，让人家的孩子喝，没有这个道理。”他的勇气和决心感染了同事们，他们也纷纷为自己的孩子喂服了疫苗。经历漫长而煎熬的一个月，孩子们生命体征正常，第一期临床试验顺利通过。

探究与思考

顾方舟用自己的孩子试药，表现出一种什么样的精神？

在顾方舟的带领下，经过无数次试验和探索，第一支疫苗诞生了，它的背后是无数孩子的健康和未来，是一个父亲对孩子最深的爱，是一个科学家对人类伟大的贡献。

把疫苗制成小糖丸

1960 年底，首批 500 万人份的疫苗如同一缕希望的曙光，在全国 11 个城市迅速推广开来。随着疫苗的投放，疫情的高峰逐渐削减。然而，疫苗的苦涩让成年人都难以吞咽，对于幼儿来说更是如此。而且液体减毒活疫苗需要低温保存运输，疫苗的储存和运输也有难度。顾方舟为此不断探索，最终开创性地将疫苗制成了糖丸。这甜甜的、带着淡淡奶香味的糖丸，不仅让孩子们不再害怕接种疫苗，甚至成了好几代人童年中甜蜜的回忆。

1990 年，全国消灭脊髓灰质炎规划开始实施，随后几年病例数逐年快速下降。自 1994 年发现最后一例患者以来，中国再没有发现由本土野病毒引起的脊髓灰质炎病例。2000 年，世界卫生组织证实中国成为无脊髓灰质炎国家。在临危受命之时，顾方舟年仅 31 岁，而如今，他已经是一位 74 岁的老人。不同于神话中的诺亚方舟，他就像一艘真正的方舟，以自己的劳动和贡献，拯救了无数生命。

2019 年 1 月 2 日，顾方舟在北京与世长辞。他离去后，人们在记忆的深处搜寻着那颗脊灰糖丸的味道，纷纷留言表达感激之情：“谢谢您，那是我吃过最好吃的糖丸。”“那可能是我小时候最甜蜜的回忆。”

探究与思考

在对糖丸的甜甜回忆中，饱含着研究者的哪些艰辛付出？请谈一谈自己的感想。

在新中国成立 70 周年之际，这位伟大的病毒学家被授予“人民科学家”国家荣誉称号。他用自己的一生，完美地诠释了最优秀的科学精神和劳动品质。他的故事，如同那颗糖丸一般，永远甜蜜地铭记在人们心中。

故事点评

“我一生只做了一件事，就是做了一颗小小的糖丸。”顾方舟从年富力强到年逾古稀，为科学事业倾注了一生的心血。他孜孜不倦地攻克科学难题，研究出惠及几代人的成果，在无数孩子心中播下了感恩的种子。

宇宙召唤我们踏过平庸

南仁东（1945—2017），吉林辽源人。主要研究领域为射电天体物理和射电天文技术与方法，曾任500米口径球面射电望远镜（简称FAST）工程首席科学家兼总工程师，负责国家重大科技基础设施FAST的科学技术工作。“人民科学家”国家荣誉称号获得者，2019年被评选为“最美奋斗者”。

神秘的“大锅”

在遥远的宇宙深处，如果真的存在外星生命，他们发出的微弱信号是否能穿越浩瀚的宇宙，抵达地球呢？在贵州省黔南布依族苗族自治州平塘县的大窝凼，有一个巨大的“宇宙之耳”，静静地倾听着来自宇宙深处的秘密。这个神秘的设备，就像一口口径达 500 米的“大锅”。它就是我们国家的骄傲——“FAST”，也被亲切地称为“中国天眼”。

中国天眼，承载着科学家们探索宇宙起源的渴望，它的目光穿透了宇宙的迷雾，寻找着那些可能存在的地外文明信号。它的存在，就像是人类对宇宙奥秘的致敬，也是我们对未知世界无尽好奇心的体现。

探究与思考

神秘的“大锅”有何作用？你了解宇宙吗？你知道地球以外的哪些天体？

截至 2024 年 4 月，中国天眼已经发现了 900 多颗脉冲星，成为世界上发现脉冲星效率最高的设备。每一次的发现，都让科学家们对宇宙的理解更深入一分。

这个完全由我国独立自主研发的天眼，不仅是世界上最大单口径的射电望远镜，也是最灵敏的。它的设计体现了我国科学技术的巅峰，为探索宇宙物质的深层次结构和规律提供了前所未有的机会。

在它之前，世界上射电望远镜的最大口径是 300 米，而中国天眼的出现，打破了这一纪录，在相关领域达到了世界一流水平。中国天眼，就像一扇通往宇宙深处的窗口，让我们看到了一个更加广阔、更加神秘的宇宙。它不仅是一座科学的丰碑，更是人类对宇宙无限探索精神的象征。

为梦想追逐一生

在群星璀璨的夜空下，有一个人的梦想如同那些遥远的星辰，明亮而坚定。这个人就是南仁东，被誉为“中国天眼之父”的科学家。他的梦想不仅高远，更是一生的执着追求。

探究与思考

南仁东为什么被称作“中国天眼之父”？在他身上有着怎样的劳动品质？

故事要从 1963 年说起，那时的南仁东以吉林省高考理科状元的身份，踏入了清华大学无线电系，毕业后在吉林通化无线电厂工作，后考取中国科学院研究生，从此奋战在天文领域。随着时间的推移，他成为国际天文界的一颗璀璨明星，各国天文界都对他青睐有加，但他毅然决定回国担任北京天文台副台长。

1993 年，国际无线电科学联合会第二十四届大会在日本召开，科学家们急切地提出要建造新一代的大射电望远镜。地球上的无线电干扰日益严重，如果不采取行动，人类将无法深入探索宇宙的奥秘。南仁东无法再坐视不管，他兴奋地说："我们也建一个吧。"

就这样，中国天眼成了南仁东心中的火焰，他决定将余生献给这个梦想。为了寻找合适的建造地点，他分析了上千幅卫星遥感图，跋涉在中国西南的崇山峻岭中，一走就是数年。在那些乱石嶙峋的喀斯特石山中连路都没有，他只能深一脚、浅一脚地从石头缝间穿行。

最终，他找到了这个被四面山体环绕、能完美屏蔽外界电磁波的窝凼。从 1994 年到 2005 年的 10 多年间，南仁东只做了一件事——为中国天眼找到一个家。2007 年 7 月，FAST 工程正式立项。

宇宙召唤我们踏过平庸

在 FAST 项目的施工现场，人们经常可以看到一位六七十岁的老人，他的身影活跃在工地上，对项目的每一个细节都"指手画脚"。他就是南仁东，一名天文学家，却在施工领域展现出了惊人的知识面。他的助理姜鹏曾感慨，术业有专攻，但在 FAST 项目中，南仁东几乎什么都懂，从天文到力学，从金属工艺到绘图，从无线电到施工，他都是行家里手。

在夏日的一个闷热午后，南仁东的同事曾目睹了他的敬业精神。因为一个地铆项目测量可能的误差，南仁东放下筷子就跑到工地上去检查，确保技术人员的测量没有问题。在中国天眼现场，每建好一个支撑铁塔，南仁东总是第一个爬上去的人。几十米高的圈梁建好后，他第一个走上去，甚至在圈梁上奔跑，他的快乐和热情就像一个孩子。

夏日的南仁东总是穿着简单的 T 恤衫和大短裤，如果不认识他，很难将他与科学家的身份联系起来，他更像是当地的村民。实际上，他的确把自己当作了这里的村民，因为大窝凼附近的每一个山头，他都爬过。在工地现场，他经常乐此不疲地向别人介绍这里的历史，哪里有水井，哪里种着什么树，凼底原来住着哪几户人家。他的言谈举止，仿佛他曾是这里的“村民”。

2016 年 9 月 25 日，500 米口径球面射电望远镜落成启用。作为世界最大的单口径望远镜，FAST 将在未来 20~30 年保持世界一流设备的地位。

探究与思考

南仁东夏天总是穿着 T 恤衫和大短裤，不认识他的人很难会将科学家这个称谓和他联系在一起，关于外在着装和内在品质两者的关系，请谈一谈自己的看法。

“美丽的宇宙太空以它的神秘和绚丽，召唤我们踏过平庸，进入它无垠的广袤。”这是南仁东，这位平凡而伟大的老人写给宇宙的诗。他的生命，他的梦想，都与那片浩瀚的宇宙紧密相连。他用自己的知识和热情，为人类探索宇宙的奥秘贡献了毕生的精力。

探究与思考

“美丽的宇宙太空以它的神秘和绚丽，召唤我们踏过平庸，进入它无垠的广袤。”你认为南仁东身上有哪些高贵的品质？他是如何实现自己的梦想的？

故事点评

“最美奋斗者”南仁东用自己的一生诠释了什么是科学家精神。他为科学事业奋斗到生命的最后一刻，他无私奉献、兢兢业业、勤勉踏实的精神鼓舞着无数青年人勇往直前。国家的发展，时代的进步，离不开像南仁东这样的科学家和劳动者，他们以振兴国家为己任的坚定信念是国家发展的重要支撑。有无数劳动者不懈奋斗、努力创新，我们必将完成民族复兴的伟大使命。

用生命向贫困宣战的勇士

姜仕坤（1969—2016），贵州册亨县人，他以坚韧不拔的劲头，探索出经济、生态、扶贫三效同步精准脱贫的“晴隆模式”，用苦干实干让8万多群众告别贫困。2016年姜仕坤在出差期间突发心脏病不幸去世，2018年被追授为“全国优秀共产党员”，2021年被授予“全国脱贫攻坚楷模”荣誉称号。

他干事情找准了路子

在贵州省晴隆县，有一条闻名遐迩的“二十四道拐”抗战公路，这条公路盘旋在晴隆县城南约一千米处，以其雄伟、奇异和峻峭的气势，展现了“一夫当关，万夫莫开”的壮丽景象。它不仅是那段艰苦抗战历史的见证，也是县委书记姜仕坤带领晴隆人民走上脱贫道路的精准起点。

然而，在 2016 年 4 月 12 日，这位年仅 46 岁的县委书记，在出差期间突发心脏病倒下了，他的生命永远定格在了这片他为之奋斗的土地上。

姜仕坤用尽了自己最后一份心力，换来了晴隆翻天覆地的变化。他的血和汗，永远洒在了这片大山和江水之间。

筹拍电视剧《二十四道拐》

晴隆的石漠化问题严重，土地贫瘠缺水，地形山高谷深。如何带领群众在这穷山沟里脱贫致富，一直是当地干部面对的难题。姜仕坤提出了一项大胆的计划：整合历史文化和当地自然资源，发展山地旅游业，将“二十四道拐”打造成一张闪亮的名片。

为了将这个蓝图变为现实，姜仕坤带领干部深入研究“二十四道拐”的历史文献，编撰相关出版物，并招商引资建设安南古城影视基地，筹拍电视剧《二十四道拐》。2015 年，正值世界反法西斯战争和抗日战争胜利 70 周年之际，电视剧《二十四道拐》的热播，一下子“引爆”了晴隆几乎为零的旅游业。那一年的国庆黄金周，10 万名自驾游客涌入晴隆，让晴隆的干部群众“看傻了眼”，也让姜仕坤的内心激动不已。

电视剧《二十四道拐》的热播，为晴隆县带来了怎样的发展机遇？

晴隆县旅游业的发展，就像是在一张空白的画布上绘制宏伟蓝图，县委书记姜仕坤为此付出了巨大的心血。他常常站在山顶，静静地凝视那蜿蜒的“二十四道拐”，思考晴隆的未来。晴隆县委副书记王琴回忆说，姜书记为晴隆的发展找准了路子，改变了干部的思维，也提振了干部和群众的精气神。

翻天覆地的县城变化

县城的改造，是姜仕坤带领干部群众完成的又一项看似不可能完成的任务。晴隆县城已经有十几年没有大的变化，狭窄的街道，破损的路面，落后的基础设施，看起来甚至不如一些乡镇。

刚到晴隆县任县长时，姜仕坤就和住建局、国土局的干部一起到县城里巡视。当他们来到汽车站旁，看到周围环境像垃圾场一样时，姜仕坤陷入了沉思：“县城建设，就从这里开始吧！”

在那之后的两年多时间里，姜仕坤走遍了县城的每一个角落。他走进拆迁户家中做群众的思想工作，爬到山上对照图纸看规划方案；为了能让群众得到实惠，他与干部讨论征地拆迁方案不下 50 次，才敲定最终的方案；为了筹集建设资金，他带着住建局局长跑遍了省里的银行……

如今，晴隆县城的县容县貌焕然一新，新区建设如火如荼。老百姓感叹：晴隆赶上了好时候，终于有了翻天覆地的大变化！

为了带领晴隆冲出经济洼地，姜仕坤确立了“工业强县、生态重县、旅游名县”的发展战略，围绕“羊、茶、果、蔬、烟、薏”六大特色产业调整产业结构。

经过几年不懈的努力，晴隆收获了实实在在的变化：全县地区生产总值从 2010 年的 20.89 亿元增加到 2015 年的 55.13 亿元；农民年人均纯收入达到 6 329 元；贫困人口减少了 8.6 万人，小康实现程度达 86%……这一切，无不凝聚着姜仕坤和广大干部群众的心血与汗水。

探究与思考

晴隆县城发生了哪些变化？这些变化凝聚着怎样的劳动和智慧？

故事点评

今天，中国人民已经成功走上致富道路，但是我们不能忘记，在那些艰苦的岁月里，无数劳动者在奋斗过程中展现出的光辉品质。党员干部，是在艰苦奋斗历程中起到先锋带头作用的重要群体。像姜仕坤这样的干部数不胜数，在党的脱贫政策的引领下，他们带领群众直面困难、勇挑重担，勇于向贫困宣战。他们帮助每一个有意愿、有信心、有干劲的贫困群众，最终实现了“致富梦”。

一份承诺，用一生来践行

自1986年起，江苏省连云港市灌云县开山岛民兵哨所原所长王继才与妻子王仕花守护开山岛，至2018年，共32年。在这32年中，他们忍受孤独和离别，守护岛上的一石一木和军事设施，并观测相关信息。

妻与夫，家与国

在 20 世纪 80 年代，江苏的一个平凡小伙子王继才，凭借他憨厚踏实的性格和诚恳的工作态度，赢得了小学教师王仕花的心。如果不是 1986 年的那次选择，他们也许就会像其他普通夫妻一样，度过平凡而幸福的一生。

开山岛，位于灌河入海口，距离灌云县燕尾港 12 海里（1 海里 = 1.852 公里），面积仅 0.016 3 平方千米，相当于两个足球场大小。全岛由黑褐色岩石构成，怪石嶙峋，陡峭险峻。岛上无树木、泥土和淡水，仅在烟波浩渺中兀立。作为黄海前哨，开山岛不能无人值守，1985 年部队撤防后设立民兵哨所。

1986 年，26 岁的王继才独自守岛。48 天后，妻子王仕花上岛，看到满腮胡子、满头乱发的丈夫，她心疼不已，毅然辞去教师工作，与丈夫共同面对岛上的艰苦生活。王继才夫妇成为开山岛的第五批守岛人。2018 年，王继才在执勤期间突发疾病，长眠在开山岛上。

在夫妻二人的心中，藏着对国家深深的忠诚和神圣的情感。他们说："虽然开山岛离陆地不算太远，岛上也没有金银财宝，但岛上插的是国旗，我们天天守的是国土。"

32 年，他们的生活就是家与国的守护，这份执着和坚守，谱写了一曲最美的赞歌。

一辈子，一面旗

开山岛环境恶劣，生活艰苦，王继才夫妇以岛为家，与海相伴，与孤独为友，战胜了常人难以忍受的风雨和艰险。岛上无电无淡水无居民，只有肆虐的海风和四处窜动的蛇、老鼠和蛤蟆。夏天湿热、冬天阴冷，夫妻俩都患上了风湿性关节炎和严重湿疹。医生说只有离岛才能根治。但他们为了守岛，放弃了治疗。

他们每天升旗、巡岛、观天象、护航标、写日志，从未中断。这不仅是单调枯燥的工作，有时还面临危险。他们还与违法犯罪分子做斗争，守护海岛安全。32 年来，他们发现并协助破获了多起走私、偷渡案件。

在渔民眼里，他们是“亲人”和“恩人”。渔民晚上出海，他们会亮起信号灯；渔民缺粮少药，他们就赠送粮食和药品。船只遇险，他们必定施救。他们上报了许多重要海防信息，出色完成了战备值勤任务。

探究与思考

王继才夫妻二人在岛上都做了哪些事情？为什么他们在渔民的眼中是“亲人”和“恩人”？

一片海，两头情

在王继才和王仕花夫妇的守岛岁月里，他们离岛回家过春节的时光寥寥无几。更多的时候，王继才和王仕花都是在岛上的简易收音机和模糊的电视机前，听着“春晚”的欢歌笑语，迎接新年的到来。

王继才很少有机会回家看望年迈的母亲，但他心中始终想念着她。母亲也同样深深牵挂着他，却深明大义地说：“自古忠孝不能两全，你是为国家守岛，我也不怨你。”

32 年的日与夜，夫妻俩用一生的时光来践行那份最初的承诺。32 年的坚守，开山岛上的五星红旗会铭记，汹涌的波涛会铭记，祖国更不会忘记每一个平凡坚守的人。

探究与思考

作为平凡人，王继才夫妇经历着怎样的不平凡？

故事点评

32 年的坚守，32 年的风雨无阻。这是王继才夫妇用他们的辛勤劳动为祖国海防事业献上的最美礼物。他们与艰苦为伴，无怨无悔，他们的青春年华在劳动中绽放出别样的光彩。这是新时代最美劳动者的价值追求。守岛就是守国，在那个小岛上，冉冉升起的五星红旗向世界昭示着中国人民的永恒信仰。

他攀越了桥界“珠峰”

林鸣（1957— ），江苏兴化人，港珠澳大桥岛隧工程项目总工程师。荣获“2014 年感动交通十大年度人物”称号，2015 年被授予“全国劳动模范”荣誉称号。

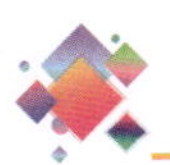

它创造了多项世界之最

在辽阔的伶仃洋上，一条如长龙般蜿蜒的海上通途，一个连接三地的桥梁奇迹，划破了碧海的宁静。港珠澳大桥，被誉为桥梁界的“珠穆朗玛峰”，它不仅是中国桥梁技术的集大成之作，更是无数中国人智慧和汗水的结晶。

港珠澳大桥创造了多项世界之最：总体跨度最长、钢结构桥体最长、施工难度最大、海底沉管隧道最长、技术最复杂等。大桥总长约 55 公里，主梁钢板用量达到 42 万吨，相当于 10 座鸟巢或 60 座埃菲尔铁塔的重量。其支座是世界上最大尺寸，能抗 8 级地震，抵御 16 级台风，甚至能承受 30 万吨巨轮的撞击。

港珠澳大桥的建设过程中，海上人工岛和海底沉管隧道是两大施工难题。特别是将 33 节长达 180 米、宽约 38 米、高 11.4 米的钢筋混凝土沉管，在水下数十米深处连接成海底通道，这一过程犹如“海底穿针”，困难重重。然而，正是这些挑战，铸就了港珠澳大桥的辉煌。

探究与思考

港珠澳大桥运用了哪些高难度技术？为什么说它是桥梁界的“珠穆朗玛峰”？“海底穿针”的意思是什么？

艰难的“海底穿针”

港珠澳大桥岛隧工程项目总工程师林鸣接受了这个艰巨的任务，挑战了前所未有的工程难题。他满头银发，却有着坚定的信念，带领着团队攻克一个又一个技术难关。伶仃洋的海流复杂多变，水下急流多、流态异常，给水下施工带来了极大的阻力。

每一节沉管都像是林鸣的孩子一样，他总是小心呵护着。在进行“海底穿针”项目时，从 E1 到 E33，这 33 节钢筋混凝土沉管的对接并不如想象中那样顺利。每个沉管都体积庞大，重量近万吨，从设计到生产乃至运送到前线安装，每一个步骤都须分外谨慎，稍有差池都可能带来风险和损失。

E15 沉管的安装，成为“海底穿针”项目中最曲折的一段历程。2014 年 10 月，一切准备就绪，E15 沉管首次起航，却在沉放前潜水检查时，遭遇了沉管基床的异常回淤，这如同大海中的暗礁，让整个计划瞬间搁浅。面对巨大的压力，林鸣没有退缩，他果断做出决定：中止沉放，返航回坞。

2015 年 2 月，E15 沉管再次起航，但命运似乎再次跟他们开了个玩笑。在浮运途中，监控报告揭示了基床遭遇严重淤积，不再具备安装条件，沉管被迫再次返航。

2015 年 3 月 26 日，经过漫长等待，水文观测恢复正常，E15 沉管第三次起航，终于成功下水。那一刻，林鸣的眼中闪烁着喜悦的泪光，他终于完成了这第 15 个“孩子”的对接。这不仅是沉管的对接，更是他心中对完美工程的执着追求。

探究与思考

查阅相关资料，说一说 33 节沉管对接的过程，这其中包含着哪些劳动者的智慧和力量？

热泪盈眶，他要跑完大桥全程

在这庞大的工程中，每一个细节都如同生命的脉搏，牵动着整个工程的心跳。无数人的心血和汗水凝聚其中，其艰辛程度难以言表。这个项目承载了整个国家的期望。

在沉管隧道合龙前，林鸣和他的团队不得不与“回淤”等问题进行多次艰苦的战斗。2013 年底，林鸣因为高强度的工作，导致鼻腔大量出血，不得不接受两次全麻手术。然而，手术几天后，他又回到了工作岗位，继续进行不间断的工作。

2017 年 5 月，港珠澳大桥沉管隧道顺利合龙，沉管隧道的接头偏差为 16 厘米。这个偏差按照工程标准是被允许的，但林鸣决定返工。因为他知道，如果不调整，这将会是他职业生涯和人生中一个永远的遗憾。

经过 42 小时的重新精调，偏差从 16 厘米降到了 2.5 毫米以内。这一看似微小的调整，不仅代表着林鸣的执着与努力，也是中国技术和工程史上的一次极限跨越。

2018 年 10 月底，港珠澳大桥正式通车。晨雾中，一个身影缓缓跑过港珠澳大桥，那是满头银发的林鸣，他的步伐坚定而有力。61 岁的他，此刻热泪盈眶，他要通过跑完大桥全程的方式，来纪念这个对中国、对自己都意义非凡的伟大时刻。

探究与思考

林鸣以跑完大桥全程的方式纪念伟大的时刻，想象一下，他有着怎样的心理活动？说一说你在做完哪些事情后会获得劳动的成就感。

故事点评

港珠澳大桥，这是一座圆梦桥、同心桥、自信桥、复兴桥。它的建成，凝结着无数劳动者的智慧和汗水，也深刻地体现了中国人逢山开路、遇水架桥的奋斗精神。劳动者们用自己卓越的劳动品质和不畏艰难的劳动精神，展现了中国的综合国力和自主创新能力，同时也彰显出中华民族勇创世界一流的民族志气。